Maria del Carmen Silva
Noemi Elena Burgos

El niño hospitalizado, sus derechos

Maria del Carmen Silva
Noemi Elena Burgos

El niño hospitalizado, sus derechos

Y deberes de los agentes que lo rodean

Editorial Académica Española

Impresión

Información bibliográfica publicada por Deutsche Nationalbibliothek: La Deutsche Nationalbibliothek enumera esa publicación en Deutsche Nationalbibliografie; datos bibliográficos detallados están disponibles en internet en http://dnb.d-nb.de.

Los demás nombres de marcas y nombres de productos mencionados en este libro están sujetos a la marca registrada o la protección de patentes y son marcas comerciales o marcas comerciales registradas de sus respectivos propietarios. El uso de nombres de marcas, nombre de producto, nombres comunes, nombre comerciales, descripciones de productos, etc. incluso sin una marca particular en estas publicaciones, de ninguna manera debe interpretarse en el sentido de que estos nombres pueden ser considerados ilimitados en materias de marcas y legislación de protección de marcas y, por lo tanto, ser utilizadas por cualquier persona.

Imagen de portada: www.ingimage.com

Editor: Editorial Académica Española es una marca de
LAP LAMBERT Academic Publishing GmbH & Co. KG
Heinrich-Böcking-Str. 6-8, 66121 Saarbrücken, Alemania
Teléfono +49 681 3720-310, Fax +49 681 3720-3109
Correo Electronico: info@eae-publishing.com

Publicado en Alemania
Schaltungsdienst Lange o.H.G., Berlin, Books on Demand GmbH, Norderstedt, Reha GmbH, Saarbrücken, Amazon Distribution GmbH, Leipzig
ISBN: 978-3-659-01912-8

Imprint (only for USA, GB)
Bibliographic information published by the Deutsche Nationalbibliothek: The Deutsche Nationalbibliothek lists this publication in the Deutsche Nationalbibliografie; detailed bibliographic data are available in the Internet at http://dnb.d-nb.de.

Any brand names and product names mentioned in this book are subject to trademark, brand or patent protection and are trademarks or registered trademarks of their respective holders. The use of brand names, product names, common names, trade names, product descriptions etc. even without a particular marking in this works is in no way to be construed to mean that such names may be regarded as unrestricted in respect of trademark and brand protection legislation and could thus be used by anyone.

Cover image: www.ingimage.com

Publisher: Editorial Académica Española is an imprint of the publishing house
LAP LAMBERT Academic Publishing GmbH & Co. KG
Heinrich-Böcking-Str. 6-8, 66121 Saarbrücken, Germany
Phone +49 681 3720-310, Fax +49 681 3720-3109
Email: info@eae-publishing.com

Printed in the U.S.A.
Printed in the U.K. by (see last page)
ISBN: 978-3-659-01912-8

Copyright © 2012 by the author and LAP LAMBERT Academic Publishing GmbH & Co. KG and licensors
All rights reserved. Saarbrücken 2012

UNIVERSIDAD NACIONAL DE LUJÁN

Departamento de Ciencias Sociales

Investigación

Tema

El niño hospitalizado

Derechos de las/os niñas/os

y

deberes de los agentes

que los rodean

Investigadoras: Lic. María del Carmen Silva

Mag. Noemí Burgos

Luján, Argentina, año 2012.-

INDICE

1.-Tema	5
Antecedentes	8
2.- Marco conceptual	9
2.1.- Leyes y normas que regulan la hospitalización	10
2..2.-Deberes y derechos de las/os niñas/os	12
2.3.- Salud y enfermedad en las/os niñas/os	19
2.4.- La hospitalización	20
3.- Interrogantes y problemas	22
4.- Objetivos de la investigación	23
5.- Metodología 5.1.- Fundamentos de la elección metodológica	23
5.2.- Tipo de diseño	25
5.3.- Trabajo de campo, instrumentos de recolección de datos	26
6.- Cronograma de actividades	28
7.- Resultados, análisis e interpretación de datos	29
8.- Conclusiones	55
9.- Bibliografía	58
10.- Anexo Protocolos	61

1.- TEMA

El tema de investigación, *el niño hospitalizado, sus derechos y deberes de los agentes que lo rodean,* se originó en observaciones realizadas a situaciones conflictivas que vivieron las/os niñas/os entre 4 meses y 6 años de edad, durante su hospitalización, específicamente en Unidades de Terapia Intensiva y Unidades de Terapia Intermedia, de instituciones sanitarias oficiales, cuando eran separados de sus acompañantes, durante la internación.

En tal sentido, a partir de las primeras preguntas relacionadas con el problema hallado, surgieron otros interrogantes acerca del cumplimiento efectivo o no de los derechos de las/os niñas/os hospitalizados y por otra parte, que sucedía con las obligaciones de los agentes y actores que los rodeaban.

Tomás, 4 años, meningitis, Hospital de La Plata

Fundamentos de la selección temática. Relevancia del tema.

Las autoras de la investigación, fueron testigos de internaciones breves y prolongadas de niñas/os de 4 meses a 6 años de edad, en hospitales públicos.

Observaron la coexistencia de similares normas hospitalarias, en las Unidades pediátricas de Terapia Intensiva, Terapia intermedia y Salas de infecciosos, destinadas a separar a los niños hospitalizados de sus padres, quedando los menores internados, por lapsos mayores a diez horas discontinuas durante el día y la noche, solos, sin acompañamiento familiar.

Ante las vivencias mencionadas, las/os niñas/os reaccionaban emotivamente con crisis de llanto, gritos y llamados angustiados pidiendo el regreso de los acompañantes a su lado, a las Salas de internación.

En el exterior de las mismas, los padres y familiares también angustiados pedían de forma insistente, a enfermeras y mucamas que les permitieran regresar junto a sus hijas/os internados.

Como respuesta a esos reclamos, el personal de enfermería respondía que las normas indicadas por los Jefes del servicio "… eran evacuar de acompañantes las Salas en los momentos de limpieza o de aplicación de medicamentos", que "debían cumplir las órdenes recibidas, que las madres /padres no podían estar en la Sala durante esas actividades".

Desde los años 50, varios estudios nacionales e internacionales han probado empíricamente las reacciones emocionales que viven las/os menores al estar hospitalizados, quienes además de la patología, tienen cambios en sus conductas como ansiedad, miedo, regresión, stress, trastornos del apetito y del sueño. También, la manera en que van a vivenciar la experiencia de una hospitalización estará relacionada con las edades, el tipo de patologías, las representaciones sociales, culturales y las creencias que consciente o inconscientemente, porte cada uno y su entorno cercano familiar ante cada situación .

En consecuencia, no podemos desconocer que una hospitalización, en gran parte de los casos, será un hecho traumático, y no solo para las/os niñas/os también para sus familias en el transcurso de sus historias personales. Entonces, describir y comprender cómo viven esas experiencias y si las prácticas sanitarias cotidianas están ajustadas y cumplen con los derechos de la niñez hospitalizada, será parte de ésta investigación.

La Asociación Médica Argentina, la Sociedad Argentina de Pediatría y UNICEF Argentina, acordaron hace una década la redacción de los derechos del niño hospitalizado, encuadrados en la Convención de los Derechos del Niño. Ley 23.849 y la Constitución Nacional

En tal sentido, el rango constitucional de los derechos del niño y de la niñez hospitalizada, obliga un compromiso ético a favor de los menores, que los adultos (familias, instituciones, sociedad, Estado) deberían cumplir y garantizar.

Consecuentemente, el objeto de la presente será describir y analizar la experiencia que vivieron las/os menores hospitalizados en salas de Infecciosos de un Hospital Zonal pediátrico de La Plata y en las salas de Pediatría de dos hospitales localizados en el interior de la Provincia de Buenos Aires, Argentina durante los años 2008-2009, con relación al cumplimiento efectivo de sus derechos y de los actores que los acompañan.

De tal modo, que la presente investigación abordará una problemática, que si bien no es un enunciado inédito en el ámbito de la investigación social, sí es un tema con relevancia académica, en tanto se describirían las tensiones y los problemas hallados durante la hospitalización de las/os niñas/os, en los casos estudiados con relación al cumplimento de los derechos que les asisten.

Por otra parte, sostenemos la relevancia social del tema, porque se propone generar nuevos conocimientos con relación a la necesidad de cautelar y cumplir efectivamente con los deberes constitucionales que tiene la sociedad política, civil y el Estado, a cumplir y garantizar los derechos de la niñez hospitalizada.

Generar un conocimiento sobre ésta cuestión, posibilitará que las autoras sean coherentes con sus compromisos político- ideológico y social.

<u>Área de especialidad</u>: Derecho Social (Los Derechos del niño hospitalizado).

ANTECEDENTES

El tema abordado, específicamente los derechos y deberes de las/os niñas/os hospitalizados y de los distintos actores que lo rodean, en el contexto hospitalario de la Provincia de Buenos Aires, no ha sido investigado en profundidad.

Puede considerarse como antecedente histórico, el Informe Bowlby[1] (1950) presentado ante la Organización Mundial de la Salud, que sostenía la necesidad de internar a los niños junto a sus madres porque consideraban"...esencial para la salud mental del bebe y el niño pequeño experimentar una relación cálida, íntima y continuada con la madre (o sustituto materno permanente) en la que ambos experimenten satisfacción y goce".

En igual sentido, numerosos estudios en hospitales europeos y norteamericanos, por ejemplo, de Platt[2] (1959), Aubry [3](1955) describieron las conductas reiteradas de protesta, desesperación y desasosiego que caracterizaba los niños internados ante la separación de sus madres o familiares.

En Argentina, el Dr. Florencio Escardó[4] (1956), en el Hospital de Niños Ricardo Gutiérrez, Sala XVII, revolucionó la Pediatría a proponer e instituir la internación conjunta, madre junto al hijo, fundado en los trabajos de profesionales europeos sobre el hospitalismo y su interés por el vínculo madre-hijo. Pese a que fue una medida resistida y criticada por algunos sectores del Hospital, por los inconvenientes que traería a médicos y enfermeras, la internación conjunta se comenzó a implementar en 1958-1959, continuando hasta la fecha en todas las instituciones sanitarias argentinas.

En esa misma época, en el Policlínico Araoz Alfaro de Lanús, Provincia de Buenos Aires, las madres tenían reposeras para su descanso nocturno, acompañando a sus niños.

---

[1] Bowlby, J. (1950) *"Maternal care and mental health"*, Report. Organización Mundial de la Salud, Ginebra. Suiza

[2] Platt H. (1959) *"The welfare of children in hospital."* Report. Ministry of Health, Central Health Services Council, Londres

[3] Aubry,J et al.(1955) " *La carencia del acompañamiento maternal"* , PUF. Centro Publicaciones. Paris, Francia

[4] Escardó, F. (1956) *¿Qué es la pediatría?* Ediciones Columba. Buenos Aires

Otros estudios, hallados sobre la importancia de la internación hospitalaria conjunta fueron elaborados por García Barthe[5] (2007) y Boloniati[6] (2006) en Argentina.

Los antecedentes referidos, dan cuenta de las evidencias empíricas que documentan la necesidad que tienen los menores de estar acompañados por sus familiares durante su hospitalización.

2.- MARCO CONCEPTUAL

Balance del estado del conocimiento sobre el tema
"Años atrás, no respetar los derechos del niño era aberrante.
Hoy, además, es inconstitucional."

Sociedad Argentina de Medicina y Cirugía del Trauma

(2000)

El ejercicio efectivo del respeto a los derechos de los habitantes en un país debe estar garantizado por la ley, en la que se instituyen políticas, estructuras, organización y gestión de los sistemas como el sanitario, con la finalidad de procurar el bienestar de la población, la conservación de la salud y atención de las enfermedades.

Sistemas sanitarios que son conjuntos de elementos compuestos por las normas e instituciones, interrelacionados con la finalidad de recuperar la salud de sus pacientes. En este sentido, la categoría de instituciones sanitarias no comprende sólo a las organizaciones hospitalarias sino que abarca todos los medios sociales que influyen en la sanidad, por ejemplo: Salas Periféricas, Consejos administrativos hospitalarios, Cooperadoras, etc.

Se denomina hospital, al lugar en el cual se atiende a los individuos que padecen una determinada enfermedad y que acuden a él, con el objeto de recibir un diagnóstico y un

---
[5] García Barthe, M (2007) "Internación conjunta: un avance en la Pediatría Argentina". Rev. Hospital de Niños Gutierrez N° 49 Buenos Aires
[6] Boloniati. N (2006) *"Relaciones de poder en pediatría: marco teórico para una investigación antropológica."* UBA. Buenos Aires

posterior tratamiento para su afección. Es interesante mencionar, que un hospital tiene una organización y estructura, en la que cada sujeto cumple determinada función y se le asigna un rol específico, por ejemplo: los directivos y administrativos proporcionarían los recursos necesarios, los médicos harían los exámenes e indicaciones más apropiadas, las enfermeras apoyarían el tratamiento; el servicio de nutrición elabora las dietas y los técnicos las entregan; los pacientes deben alimentarse y seguir las indicaciones médicas, los familiares apoyan moralmente al paciente; el producto sería un paciente recuperado.

Por otra parte, se define la niñez hospitalizada como la internación de un/a niño/ña enfermo, en un hospital o clínica para su tratamiento y cura.

2.1.- Leyes y normas que regulan la hospitalización

En Argentina, las leyes de Salud están encuadradas en un orden prelativo constitucional[7] y le corresponde al Congreso Nacional, por el artículo 75, inciso 23:

"Legislar y promover medidas de acción positiva que garanticen la igualdad real de oportunidades y de trato, y el pleno goce y ejercicio de los derechos reconocidos por esta Constitución y por los tratados internacionales vigentes sobre derechos humanos, en particular respecto de los niños, las mujeres, los ancianos y las personas con discapacidad".

Es definida, la garantía constitucional de igualdad en oportunidades y posibilidades de acceso a un sistema de salud, como el derecho social humano que tienen todos los habitantes al mismo, independientemente de sus capacidades, de sus características físicas, de su sexo, raza o clase social. De forma tal, que la Igualdad para la ley es entendida como "el principio que reconoce a todos los ciudadanos capacidad para los mismos derechos"[8]

---

[7] Argentina, Congreso General Constituyente. (1853). *Constitución Nacional Argentina* reformada por la Convención Nacional "ad hoc" de 1860 y las reformas de las convenciones de 1866, 1898 y 1956. Santa Fe, Argentina: Biblioteca del Congreso de la Nación Argentina
[8] Real Academia Española, *Diccionario de la lengua* española, vigésima segunda edición. (http://www.rae.es/)

Por otra parte, las políticas, el funcionamiento y la organización del sistema sanitario a nivel nacional está normado en la Ley 22520/92 [9] de Ministerios, cuyo artículo 23° ordena las competencias del Ministerio de Salud, el que deberá entender en:

"La fiscalización del funcionamiento de los servicios, establecimientos e instituciones relacionadas con la salud". (It 3)

"La elaboración de las normas destinadas a regular los alcances e incumbencias para el ejercicio de la medicina, garantizando la accesibilidad y la calidad de la atención médica". (It.5)

"El dictado de normas y procedimientos de garantía de calidad de la atención médica (It.12)

"La formulación, promoción y ejecución de planes tendientes a la reducción de inequidades en las condiciones de salud de la población, en el marco del desarrollo humano integral y sostenible mediante el establecimiento de mecanismos participativos y la construcción de consensos a nivel federal, intra e intersectorial"

(It.29)

"Intervenir en las acciones destinadas a promover la formación y capacitación de los recursos humanos destinados al área de la salud" (It.19)

La atención médica organizada en Argentina, está normada jurídicamente y le corresponde al Estado definir, ejecutar las políticas y acciones relacionadas con la salud integral de la población, prescribiendo la organización, gestión y formación de recursos humanos, para cautelar y garantizar desde el Estado, las modalidades de prestación de servicios médicos y el campo de la atención de la salud.

Coincidiendo con ésta norma, la Ley de Ministerios de la Provincia de Buenos Aires (13.757/ 07)[10], en el artículo 21 dice que " le corresponde al Ministerio de Salud asistir al Gobernador de la Provincia en la determinación de las políticas y acciones atinentes a la prevención, recuperación, asistencia y mantenimiento de la salud de la población" y en especial le compete:

---

[9] Argentina, Congreso Nacional, *Ley Nro. 22520* (1992). Buenos Aires, Argentina: Biblioteca del Congreso de la Nación Argentina.
[10] Argentina, Congreso de la Provincia de Buenos Aires *Ley Nro. 13.757* (2007). Buenos Aires, Argentina: Biblioteca del Congreso de la Nación Argentina.

"1.-Proponer, intervenir, formular y ejecutar la política sanitaria provincial

4.- Proponer políticas, elaborar planes y administrar programas de formación y capacitación de las personas que intervienen en los temas de salud.

5.- Promover el desarrollo de un servicio de salud que brinde una cobertura de atención médica al total de la población con idéntica, absoluta e igualitaria calidad de prestaciones, priorizando los grupos especiales en riesgo.

7.- Intervenir en la reglamentación y fiscalización del ejercicio de las profesiones vinculadas a la salud".

Ambas leyes prescriben: organizar, gestionar, fiscalizar y garantizar el acceso a la salud a toda la población, especialmente a los sectores más vulnerables como las/os niñas/os y adolescentes. Otro hallazgo en la norma, es que se promueve actualizar y capacitar a los actores de la salud que trabajan en las distintas instituciones, para que sus desempeños estén ajustados a la norma y a las políticas públicas sanitarias.

2.2.-Deberes y derechos de las/os niñas/os

A partir del rango constitucional de los derechos del niño en Argentina, surge una ética a favor de los menores, que los adultos (familias, instituciones, sociedad, Estado) deberían cumplir y garantizar

Los Derechos del Niños son el conjunto de derechos de todos los niños, niñas y adolescentes, incluso antes de nacer, caracterizados por su condición de inalienables, irrenunciables, innatos e imprescindibles para el desarrollo de una infancia plena.

La primera Declaración de los derechos del niño, de carácter sistemática, fue la Declaración de Ginebra de 1924, redactada por Eglantyne Jebb fundadora de la organización internacional Save the Children, y aprobada por la Sociedad de Naciones el 26 de diciembre de 1924.

En Argentina, la ley 23.849[11] promulgada en 1990 en su artículo primero dice: "Apruébase la Convención Sobre Los Derechos Del Niño, adoptada por la Asamblea General de las

---

[11] Argentina, Congreso Nacional, *Ley Nro. 23.849* (1990). Buenos Aires, Argentina: Biblioteca del Congreso de la Nación Argentina

Naciones Unidas en Nueva York (Estados Unidos de América) el 20 de noviembre de 1989, que consta de cincuenta y cuatro (54) artículos, cuya fotocopia autenticada en idioma español forma parte de la presente ley."

La referida Convención sobre los Derechos del Niño prescribe que:

"En todas las medidas concernientes a los niños que tomen las instituciones públicas o privadas de bienestar social, los tribunales, las autoridades administrativas o los órganos legislativos, una consideración primordial a que se atenderá será el INTERÉS SUPERIOR del niño". (Art.3.1.)

En tal sentido, los Estados Parte deben asegurar que *"las instituciones, servicios y establecimientos encargados del cuidado o la protección de los niños cumplan las normas establecidas por las autoridades competentes, especialmente en materia de seguridad, sanidad, número y competencia de su personal, así como en relación con la existencia de una supervisión adecuada".* (Art.3.3.)

Con relación a la atención sanitaria indican que los Estados Partes deben velar por el cumplimiento del derecho del niño *"al disfrute del más alto nivel posible de salud y a servicios para el tratamiento de las enfermedades y la rehabilitación de la salud"* y en adoptar las medidas pertinentes para : *" Asegurar la prestación de la asistencia médica y la atención sanitaria que sean necesarias a todos los niños, haciendo hincapié en el desarrollo de la atención primaria de salud"* (Art. 24 b).

Por otra parte, los estados y en este caso Argentina deben velar por que *"el niño no sea separado de sus padres contra la voluntad de éstos, excepto cuando, a reserva de revisión judicial, las autoridades competentes determinen, de conformidad con la ley y los procedimientos aplicables, que tal separación es necesaria en el interés superior del niño."* (Art 9).

Corresponde también mencionar que la ley nacional 26061/05[12] llamada Ley de protección integral de los derechos de las niñas, niños y adolescentes en el artículo 14ª dice: *"DERECHO A LA SALUD. Los Organismos del Estado deben garantizar:*

---

[12] Argentina, Congreso Nacional, *Ley Nro. 26.061* (2005). Buenos Aires, Argentina: Biblioteca del Congreso de la Nación Argentina.

a) El acceso a servicios de salud, respetando las pautas familiares y culturales reconocidas por la familia y la comunidad a la que pertenecen siempre que no constituyan peligro para su vida e integridad;

b) Programas de asistencia integral, rehabilitación e integración;

c) Programas de atención, orientación y asistencia dirigidos a su familia;

d) Campañas permanentes de difusión y promoción de sus derechos dirigidas a la comunidad a través de los medios de comunicación social.

Toda institución de salud deberá atender prioritariamente a las niñas, niños y adolescentes y mujeres embarazadas. Las niñas, niños y adolescentes tienen derecho a la atención integral de su salud, a recibir la asistencia médica necesaria y a acceder en igualdad de oportunidades a los servicios y acciones de prevención, promoción, información, protección, diagnóstico precoz, tratamiento oportuno y recuperación de la salud".

En 1959, la Organización de las Naciones Unidas proclamó en Ginebra los derechos fundamentales de la niñez hospitalizada, enfatizando que su falta de madurez física e intelectual hacía imprescindible la necesidad de un cuidado adecuado y especial para ellos. Casi treinta años después, en 1986 se redactó la Carta Europea de los niños hospitalizados, enumerando los derechos especiales que tendrían cuando por alguna causa debieran ser internados. En ese mismo año, el comité hospitalario de la C.E.E. (Comunidad Económica Europea) hizo públicas sus recomendaciones ante la hospitalización infantil; dirigidas tanto al personal sanitario como a padres y a los centros hospitalarios. Este texto, reflejó la idea que, las/os niñas/os cuando están hospitalizados, presentan características diferentes a las de los adultos.

La Sociedad Argentina de Pediatría, en 1994, inspirados en los derechos contenidos en la Convención sobre los Derechos del Niño y en la Carta Europea difundieron los Derechos del Niño Hospitalizado, que a continuación se mencionan:

1. - A la vida, sin ningún tipo de discriminación.

2. - A recibir asistencia, cada vez que lo necesite, sin discriminación por cobertura social.

3. - A no sufrir hospitalizaciones evitables o innecesariamente prolongadas.

4. - A permanecer junto a su madre desde el momento del nacimiento.

5. - A estar en compañía de alguno de sus padres durante la internación.

6. - A ser amamantado por su madre sin restricciones.

7. - A que se calme su dolor.

8. - A que sus padres participen activa e informadamente en sus cuidados.

9. - A ser considerado sujeto de derecho y ser humano íntegro en todos sus aspectos.

10. - A recibir explicación de los cuidados que se le van a dar.

11. - A recibir apoyo espiritual y religiosos de acuerdo a la práctica de su familia.

12. - A mantener su escolaridad y disfrutar de recreación.

13.- A no ser objeto de pruebas o ensayos clínicos sin consentimiento informado de sus padres.

14.- A protección ante situaciones traumáticas evitables derivadas de prácticas administrativas u organizativas inadecuadas.

15.- A recibir todos los cuidados y recursos terapéuticos disponibles que permitan su curación o rehabilitación.

16. - A tener información sobre el pronóstico de su enfermedad.

17. - A la muerte digna, en compañía de su familia. 18. A la confidencialidad de los datos recogidos verbalmente o registrados en su historia clínica.

19. - A ser respetado por los medios masivos de comunicación.

20.- A disfrutar de los derechos contenidos en la Convención sobre los Derechos del Niño, incorporada a la Constitución de la Nación desde 1994.

Esta institución alentó a que las organizaciones, que bregaban por el bienestar de la niñez, profundizaran el trabajo realizado, para que la letra y el espíritu de todos los instrumentos jurídicos disponibles se transformaran en leyes, políticas y programas que permitieran a las/os niñas/os vivenciar, cotidianamente, el reconocimiento constitucional de ser sujetos de derechos.

En el año 2002, UNICEF Argentina, promovió el cumplimiento y reguardo de los siguientes derechos para el niño hospitalizado:

1. - Los niños serán internados en el Hospital sólo si el cuidado que requieren no puede ser igualmente provisto en su hogar o en un tratamiento ambulatorio.

2. - Los niños en el hospital tienen el derecho de estar junto a sus padres o a un sustituto de los padres, todo el tiempo que permanezcan internados.

3. - Los padres deben ser ayudados y alentados para que compartan el cuidado de sus hijos, y deben ser informados acerca de la rutina de la sala.

4. - Los niños y sus padres deben tener el derecho de estar informados de manera apropiada para su edad y entendimiento.

5. - Deben ser tomadas todas las precauciones posibles para evitar en los niños el stress físico y emocional.

6.- Los niños y sus padres tienen derecho a la participación informada en todas las decisiones que tengan que ver con el cuidado de su salud.

7.- Cada niño debe ser protegido del dolor, de tratamientos y procedimientos innecesarios.

8. - En caso de ser invitados a participar en ensayos clínicos o pruebas, los padres deben ser informados detalladamente sobre el procedimiento y, una vez comprendido, deberán autorizarlo por escrito (consentimiento informado). Si el niño tiene capacidad de comprensión, deberá decidir por sí mismo si quiere participar de dichas pruebas.

9. - El niño tiene derecho a compartir su internación con otros niños que tengan las mismas necesidades de desarrollo y, salvo en casos de necesidad extrema, no deben ser internados en sala de adultos.

10. - Los niños deben tener oportunidad de jugar, recrearse y educarse de acuerdo con su edad y condiciones de salud y posibilidades del hospital.

11. - Los niños deben ser cuidados por personal capaz de responder a las necesidades físicas y emocionales de los niños y sus familias.

12. - Debe disponerse por todos los medios posibles, la continuidad del tratamiento y el cuidado, tanto por el equipo de salud como el grupo familiar a cargo del niño.

13. - Cada niño debe ser tratado con tacto y comprensión y su privacidad debe ser respetada en toda circunstancia. Esto incluye los medios de comunicación masiva.

14. - Debe tratarse por todos los medios de que el niño se sienta protegido y acompañado, cualquiera sea la circunstancia por la que se halla internado.

En consecuencia, la Constitución Nacional Argentina, leyes y normas antes mencionadas prescriben los derechos y deberes d*el niño hospitalizado y los de los actores que lo rodean*, a partir de los cuales se tendrían que redactar y aplicar las políticas y normas públicas sanitarias que cautelen el cumplimiento de los derechos, delegándose a las instituciones hospitalarias y en los Ministerios esa facultad.

Por otra parte, no estaría previsto ningún modo de intervención, para el caso en que, las actividades sanitarias durante la hospitalización, no se ajusten a derecho. Situación que desnudaría una contradicción, desde la matriz de origen de las normas porque:

a) Habría un incumplimiento de las obligaciones estatales respecto a los derechos sociales de las/os niñas/os hospitalizadas/os y la política pública sanitaria ejecutada.

Por ejemplo, todos las/os niñas/os en un hospital de la Provincia de Buenos Aires tienen derecho a estar junto a sus padres todo el tiempo que permanezcan internados, este principio no se habría materializado en todas las instituciones sanitarias, por tanto continua reproduciéndose el incumplimiento del derecho social invocado.

Los organismos legales responsables de garantizar el cumplimiento de los derechos de la niñez hospitalizada, no han realizado correcciones o rectificaciones de la política pública sanitaria, situación que trasgrediría el derecho de las/os menores amparado.

b) A través de tiempo, posiblemente persistió este incumplimiento a los derechos de los niños, producto de la tensión referida y por la naturalización de un escenario de impunidad cultural y contextual.

Ante la reiteración del incumplimiento de un derecho social en la ejecución de una política pública, como en este caso la sanitaria, y reproducida esa misma situación por décadas, iría constituyéndose un escenario natural y cobraría sentido histórico una sensación de impunidad.

Entonces, la impunidad comenzaría a constituirse como cultura, en tanto " es un conjunto de instituciones, creencias, hábitos, actitudes y comportamientos que perpetúan las injusticias, las violaciones a los derechos humanos...su introyección se vuelve necesaria, constituyéndose en un mecanismo psíquico de control y de poder".[13] (Bottinelli, 2007, p.196)

Paralelamente, también la impunidad habría configurado un contexto, "un microcontexto que posibilitó la comisión de delitos y violaciones a los derechos humanos por parte del Estado". (Bottinelli, 2007, p.196).

c) Por último, ambas situaciones derivarían en que, desde las políticas públicas sanitarias, la organización y administración de la salud aplicada concebirían a la infancia como objeto de intervención antes que como sujetos de derecho.

Al momento de vivir una internación hospitalaria, es probable que los niños y niñas cohabiten en un contexto de impunidad cultural histórica y social.

Porque todas/os las/os niñas/os enfermos, o sus familiares tienen derecho, en caso de hospitalización: a ser asistidos sin límites de tiempo por sus parientes y en especial por sus padres; derecho a elegir libremente al médico y en general a los profesionales de la salud; derecho a disfrutar de una comunicación plena y clara con el médico; su derecho a recibir un trato digno respetando sus creencias y costumbres; derecho a que los informes de la historia clínica sean tratados de manera confidencial y secreta; derecho a que se le preste durante todo el proceso de la enfermedad la mejor asistencia médica disponible; derecho a no ser tratado con medios de contención de ningún tipo; derecho a tener el juego como actividad esencial si el proceso de la enfermedad y el tratamiento lo permiten; derecho a estar acompañados, cuidados y amados por sus parientes durante la fase terminal de su enfermedad.

Un compromiso efectivo con los Derechos de los niños obliga que todos los sujetos que los rodean adecuen sus desempeños en el cumplimiento efectivo de los mismos.

En este sentido, el adulto se debe constituir en un mediador, entre la realidad y las experiencias de los niños y a través de la mediación contenerlos y posibilitarles que

---

[13] Bottinelli, M.(2007). La impunidad como crimen de lesa humanidad.(1° ed. pp 189-215) en *Atención Integral a víctimas de tortura en procesos de litigio.* Buenos Aires, Argentina: Instituto Interamericano de Derechos Humanos.

construyan sus propios significados y doten de sentido a esa realidad, que los desequilibra y sorprende, como es la enfermedad o la internación hospitalaria.

Cuando el Estado es incapaz de cumplir con su propia legalidad, el acatamiento a la Constitución se reduce a lo deseable, como apunta Guillermo O'Donnell, configurando un estado de "legalidad truncada". Porque "los derechos liberales a los sectores pobres es diferente de la variación de niveles de democratización social y económica y no guarda relación con ellos ".[14] Será un tipo de legalidad que descuida la efectivización, en este caso del derecho a la niñez hospitalizada y el Estado no realiza un filtro o es moderador de las desigualdades sociales que la misma situación genera. En este marco, los sujetos ante los derechos civiles y sociales son considerados "ciudadanos de baja intensidad", quienes en términos formales tienen los mismos derechos que corresponden a un régimen democrático, pero se les niegan esos derechos porque son pobres o minorías discriminadas de niños y mujeres, marginados material y legalmente sin posibilidades de acceder a su derecho en condición de igualdad.

2.3.- <u>Salud y enfermedad en las/os niñas/os</u>

Se define la salud[15] (del latín *salu -ūtis*).como " el estado en que el ser orgánico ejerce normalmente todas sus funciones". La Organización Mundial de la Salud (OMS), precisa como salud a "un estado de completo bienestar físico, mental y social, y no sólo a la ausencia de molestias o enfermedades"[16].

La enfermedad, del latín *infirmĭtas,-ātis*. es definida como "alteración más o menos grave de la salud" (ref. 9) puede ser de diferentes tipos: leve, temporaria, grave, con secuelas permanentes, que requieren hospitalización o atención ambulatoria.

Generalmente, es una alteración en el estado de bienestar infantil porque las enfermedades, coincidiendo con Barrio Del[17] (1990) implican "un debilitamiento del sistema natural de defensa del organismo o de aquellos que regulan el medio interno.

---

[14] O'Donnell, Guillermo (2004), "Notas sobre la democracia en América Latina", en *El debate conceptual sobre la democracia*, Informe PNUD.
[15] Diccionario de la Real Academia Española. Vigésimo segunda edición.
[16] OMS (1984) Organización Mundial de la Salud. Genova Italia
[17] BARRIO DEL, C.(1990) *La comprensión infantil de la enfermedad*, Barcelona, Anthropos.

Incluso cuando la causa se desconoce, casi siempre se puede explicar una enfermedad en términos de los procesos fisiológicos o mentales que se alteran"

En ocasiones, la vida cotidiana de los niños se ve modificada por alguna enfermedad y más aún si ella requiere de una hospitalización. Vivencia que, posiblemente, los conmueva en mayor o menor grado, dependiendo de la edad, del tipo de patología y nivel de afectación emocional. Por otra parte, también generará una reacción y afectará el contexto familiar del niño (reacción frente a la situación de enfermedad), las conductas de los padres que pueden ser adecuadas (protección, firmeza, afecto) o inadecuadas, cuando no se acepta la enfermedad (sobreprotección, concesiones engaño), la historia familiar: conocimiento y experiencias previas en relación a situaciones de enfermedad de los integrantes del grupo familiar, la relación del niño enfermo con el pediatra y otros sujetos que intervienen en su cura y la relación del pediatra con otros profesionales intervinientes en el proceso de atención del niño hospitalizado.

Desde la primera infancia e indirectamente desde su concepción, los sujetos pueden enfermar, quizás descubran sensaciones internas o procesos corporales nuevos, hasta la probable pérdida de control de alguna parte o función de su cuerpo, sumado al dolor y las molestias físicas.

Consecuentemente, estar enfermo y hospitalizado les ocasionará cambios en sus estilos de vida, como el estar limitados en sus juegos, en su asistencia escolar, en las relaciones familiares y sociales, en sus ritmos cotidianos. A ésta situación, debe añadirse los cambios corporales, como el dolor y las reacciones emocionales que les provoca esta nueva experiencia.

2.4.- La hospitalización

Varios autores nacionales e internacionales han descripto, estudiado e investigado las características que portan los procesos de hospitalización, breve o prolongada en la población infantil. En tal sentido, brevemente mencionamos que cuando un menor es internado para su tratamiento en instituciones hospitalarias inicia un proceso de cambios físicos y psíquicos diferentes a su rutina y cotidianidad, porque ingresa a un ámbito nuevo y a espacios desconocidos, como salas de internación, consultorios, laboratorios, etc. además de interactuar con sujetos también desconocidos por ellos, como médicos, enfermeros, mucamas. Por otra parte, también al cambio de hábitat debe sumarse la modificación en los horarios de alimentación y reposo, la separación de sus familiares, el propio malestar que le provoca sus dolencias. Todo ello provoca que deban adaptarse, de forma impuesta, en un contexto nuevo y poco placentero.

Durante la hospitalización infantil interaccionan tres elementos, que como dice Jorge Blinder[18] son:

a) Las/os niñas/os hospitalizados: enfermos ante las dolencias, que viven una situación traumática, imposibilitados de moverse libremente, experimentando algún tipo de maniobras dolorosas, curaciones, estudios e internados en un espacio físico extraño, con horarios y normas desconocidos.

b) Las familias: quienes también están ante una situación traumática y en un primer momento reaccionan con ansiedad y preocupación.

c) Los hospitales y salas de internación: donde los agentes sanitarios reaccionarán de distintas formas, seguramente condicionados por las organizaciones y normas institucionales como así también de las patologías infantiles.

Las características que asuma en cada caso la hospitalización estarían íntimamente relacionadas con la manera en que interactúan los tres elementos.

Por otra parte, cuando las/os niñas/os inician su proceso de adaptación al contexto particular hospitalario y están separados de sus padres, quizás reaccionen emocionalmente con las etapas, que Robertson[19] clasifica en:

1.- Fase de protesta: momentos en que las/os niñas/os sienten la necesidad de contar con el afecto de su madre y la reclama llorando, porque tienen experiencias previas ante su llamado o llanto, una respuesta materna inmediata. Quizás las/os niñas/os se desesperen ante esta nueva situación desconocida, en que sus protestas y gritos no conducen a la aparición de la madre.

---

[18] Blinder, Jorge (1997) "El niño internado". Revista de Medicina Infantil. Hospital de Niños de Buenos Aires
[19] Diversos autores, han documentado que admisiones repetidas y a largo plazo en el hospital pueden causar una pauta específica de cambios emocionales (Bowlby, 1969; Prugh y Eckhardt, 1975; Prugh, Staub, Sands, Kirschbaum y Lenihan, 1953; Robertson, 1970). Se ha comprobado que cuando el niño es repetidamente hospitalizado, éste hecho no se experimenta sólo como una separación temporal sino también como un recordatorio de la separación final. Con esta ansiedad de separación se producen signos de conflicto, actitud pegajosa, desesperación, retraimiento y depresión

2.- Fase de desesperación: Momento en que las/os niñas/os sienten la necesidad de tener sus madres o acompañantes a su lado, en los niños se pueden observar síntomas como retraimiento, apatía y tristeza. Es una etapa en que suceden las mayores controversias con relación a la presencia de las/os madres/padres en el hospital.

3.- Fase de negación: Etapa en la que los niños podrían estar como interesados por su entorno y pareciera contento, pero quizás está reprimiendo sus sentimientos.

En éste sentido, puede advertirse que, todo proceso de internación sanitaria transcurre por situaciones que no solo física sino emocionalmente, impactarán en las experiencias vividas por los niños y sus grupos familiares, de forma tal que, describir si se cumplen y garantizan en los casos investigados, los derechos de la niñez hospitalizada nos compromete éticamente a favor de los menores y obliga a continuar profundizando estas líneas de investigación social.

3.- INTERROGANTES Y PROBLEMAS

El ejercicio efectivo del derecho de los niños y de la *niñez hospitalizada*, como hemos visto, está garantizado por la ley, instituyéndose políticas, estructuras, organizaciones, modelos de gestión en los sistemas hospitalarios. La existencia de las leyes debe ser respaldada por la posibilidad de aplicación de las mismas, en las diferentes instancias de concreción.

Esta investigación focalizó su interés en despejar algunos de los siguientes interrogantes planteados en el contexto de implementación: ¿fue garantizado el derecho del niño y los derechos de la niñez hospitalizadas en las tres instituciones investigadas? El cumplimiento efectivo del derecho de la niñez hospitalizada ¿fue similar en todas las instituciones estudiadas? ¿Las normas internas de Salas o Servicios eran pertinentes y promovían el cumplimiento de los derechos de la niñez hospitalizada?

A partir de los interrogantes consideramos importante describir cómo se caracterizó la hospitalización infantil en los tres casos de instituciones sanitarias de la Provincia de Buenos Aires, con relación a los derechos de la niñez durante los años 2008-2009.

4.- OBJETIVOS

Objetivo General:

- Indagar si se cumplió con los derechos de la niñez hospitalizada, en tres instituciones hospitalarias públicas del interior de la provincia de Buenos Aires, en los años 2008 y 2009.-

Objetivos Específicos

- Describir el cumplimiento o no de los derechos de la niñez hospitalizada en los hospitales estudiados durante los años 2008 y 2009.

- Producir conocimiento acerca de la situación de la niñez hospitalizada en los tres Hospitales de la Provincia de Buenos Aires estudiados.

5.- Análisis Metodológico

5.1.- Fundamentos de la elección metodológica

Realizamos la elección metodológica fundadas en las conceptualizaciones de Sirvent[20], en tal sentido la investigación implicó: la confrontación teoría y empiria; la previsión de una estrategia metodológica desde el inicio (como brújula o andamiaje general flexible y dialéctico no encorsetado) y su originalidad en cuanto a alcanzar conclusiones no implícitas en el planteo inicial. Resolviendo esa confrontación en función de distintas formas de operar con el "corpus teórico" y el "corpus empírico". Por tanto, el presente proyecto no fue a teórico, sino que operamos de manera diferente con la teoría, fue una

---

[20] Sirvent, M.T (2001). El diseño de investigación. Estadística y aplicación I Apuntes de Cátedra de la Maestría en Política y Gestión de la Educación. Seminario de Proyecto de Investigación Universidad Nacional de Luján: Buenos Aires, Argentina

ayuda para focalizar, analizar y comprender el objeto de estudio en el contexto en que se desarrollaron las realidades sociales. Iniciamos la investigación de manera puramente inductiva, como refiere Sirvent, es decir con conceptos generales y proposiciones amplias que orientaron la focalización del objeto y del problema.

Al realizar el trabajo en terreno fuimos construyendo en un movimiento en espiral - de la empiria a la teoría y de la teoría a la empiria - sus categorías y proposiciones teóricas. Desarrollamos proposiciones: enunciados de los hechos inductivamente derivados a partir de un riguroso y sistemático análisis de datos. Partimos de las fuentes observables (llamadas así por Sirvent) o de datos, entendidos por Borsotti[21] como "todos aquellos medios de los cuales procede la información, que satisfacen las necesidades de conocimiento de una situación o problema presentado, que posteriormente será utilizado para lograr los objetivos esperados". Por su naturaleza, los datos pueden subdividirse en dos grandes grupos según su procedencia: fuentes de datos primarios y de datos secundarios Las primarias serían aquellas que se obtienen directamente a partir de la realidad misma, sin sufrir ningún proceso de elaboración previa y las fuentes secundarias son los recogidos y procesados por otros investigadores.

Nos interesó poner énfasis en el contexto de descubrimiento, centradas en la identificación de categorías y proposiciones a partir de una base de información empírica.

Entonces "el par lógico explicación – comprensión hace referencia a proponer un modelo de explicación científica según el modelo donde se acentúa la peculiaridad del objeto socio-histórico, psicológico y psico-social y el modo comprensivo de aproximación a él" Sirvent (Ob Cit.).

Utilizamos fuentes de datos secundarios: las leyes, reglamentos y normas de sanidad y primarios: observaciones, encuestas y entrevistas realizadas en el terreno.

Los datos recogidos permitieron abordar el objeto de estudio de la investigación, se analizó la viabilidad en su producción revisando la coherencia con los objetivos perseguidos y las factibilidades en cuanto a las condiciones ocasionales que facilitaron su acción.

Los resultados no son generalizables sino que buscan describir y ofrecer otros niveles de análisis de la realidad estudiada, de tal forma que analizamos el cumplimiento de los

---

[21] Borsotti, C (1999) *El diseño de investigación. Seminarios I y II* Apuntes de Cátedra de la Maestría en Política y Gestión de la Educación. Seminario de Proyecto de Investigación Universidad Nacional de Luján: Buenos Aires, Argentina

derechos de la niñez hospitalizada, en tres hospitales del interior de la Provincia de Buenos Aires.

A partir de la metodología seleccionada intentamos comprender las acciones de los individuos y grupos insertos en una trama en la totalidad de sus historias y sus entornos. En el análisis de los casos, se pretendió desarrollar la comprensión de los hechos sociales. En función del problema de investigación, además de la teoría atinente al objeto de estudio, comprendimos e interpretamos algunos conceptos y anticipaciones de sentido que surgieron en terreno como " derechos de la niñez hospitalizada", " derechos de la infancia "," ejecución de políticas públicas".

Hallazgos que nos condujeron a diferentes concepciones del hecho social, desde la visión de los hechos como cosas que deben ser descubiertas, hasta la mirada de una realidad que se construye en la trama de significados de los propios actores y de quienes realizamos esta investigación.

Por otra parte, al utilizar metodológicamente un diseño mixto en esta investigación, lo cuantitativo fue la lógica que nos permitió cuantificar y comprobar los datos y valores empíricos, así como el análisis sistemático de la legislación.

5.2.-TIPO DE DISEÑO

Tipo de investigación y diseño.

Elegimos metodológicamente una lógica mixta: cuantitativa y cualitativa, esta última como dice Sirvent para penetrar en los procesos de construcción por parte de los sujetos de los significados que atribuyeron a su vida según un procesamiento histórico social. Por tanto, el diseño mixto, nos permitió comprender el sentido profundo que se atribuyó a los derechos de la niñez hospitalizada y de los actores que los rodeaban, durante el proceso de internación, solo en los 3 casos estudiados, por tanto la información producida no será generalizables.

Diseño de Universo de las Unidades de análisis:

Las unidades de análisis son las/os niñas/os hospitalizadas/os y el cumplimiento de los derechos infantiles en las instituciones hospitalarias.

5.3.- TRABAJO DE CAMPO

Instrumentos de recolección de datos

Los instrumentos de recolección de datos e información elaborados y desarrollados como: registros de visitas, observaciones y entrevistas fueron aplicados en visitas realizadas a cada hospital, distribuidas en distintas fechas.

La primera etapa de la investigación fue la constitución del grupo de investigación y la construcción de acuerdos sobre el tema de investigación. Se analizó el problema advertido, distribuyeron las tareas para la búsqueda bibliográfica, la recolección de información en investigaciones y el conocimiento disponible sobre la niñez hospitalizada nacional e internacionalmente.

A partir del análisis documental, estadístico, de la lectura de registros de observaciones en situaciones de hospitalización y de las entrevistas a referentes significativo, nos abocamos a construir con mayor precisión y pertinencia el objeto de estudio.

Concluida la construcción del marco teórico seleccionamos las muestras y construimos las categorías iniciales para el análisis de la información

En esa fase, analizamos las historias clínicas para categorizar las principales causas de internación: a) producto de bronquiolitis, meningitis, accidentes de tránsito, las que por lo general, luego de una corta internación los niños retoman su vida habitual en el hogar. b) internaciones prolongadas por patologías como diabetes o cáncer que provoca que sufran internaciones recurrentes y con mayor tiempo de internación. Porque dentro del colectivo de niñez hospitalizada, existen diferencias significativas en las vivencias y experiencias de unos y otros tipos de internación. Estas últimas problemáticas serán insumos fértiles para futuras investigaciones focalizando el objeto a estudiar en el cumplimiento o no de los derechos relacionados a la hospitalización infantil, en cada uno de las instituciones investigadas.

En una segunda etapa metodológica se realizaron: a) observaciones sistemáticas dentro de las instituciones. b) entrevistas semiestructuradas a los informantes claves (padres, médicos, enfermeras, auxiliares, equipo interdisciplinario sanitarios, niños) para describir experiencias y el conocimiento de los derechos del niño que tenían los agentes sanitarios y los padres. c) entrevistas cara a cara a algunos de los niños hospitalizados. d) Selección de la población a investigar, dentro de la muestra aleatoria, se distribuyó en tres grupos (uno por institución), de niños hospitalizados y sus respectivas familias, dentro de la franja etaria de 6 meses a 6 años de edad, en los dos tipos de internación (corto menos de 7 días-prolongado 15 días o más de internación)..

Los instrumentos de recolección de datos fueron: observación documental, observaciones simples en los hospitales, entrevistas semidirigidas, individuales, cara a cara y focalizadas, con un esquema por pautas para los referentes significativos.

De tal forma que realizamos: a) primeros contactos, visitas, entrevistas a niñas/os internados, familiares, profesionales de la salud en los hospitales analizados. Realizamos visitas y observaciones en terreno durante dos años, que se prolongó luego dos años más; registrando 12 observaciones en cada hospital, 12 entrevistas a familiares y 12 entrevistas a niñas/os hospitalizadas/os, 12 entrevistas a enfermeras, 12 entrevistas a mucamas, 12 entrevistas a médicos y jefes de servicios.

Los protocolos de los instrumentos y registros de observación referidos constan en el anexo de ésta investigación.

6.- CRONOGRAMA DE ACTIVIDADES

En el siguiente cuadro, se puede observar el cronograma de las actividades realizadas durante los años 2008 y 2009.

Descripción de tareas	Cronograma				
	1º semestre 2008	2º semestre 2008	1º semestre 2009	2º semestre 2009	Año 2010 y 2011
A Constitución de equipo de investigación, Acuerdos tema de investigación	■				
B Rastreo bibliográfico y empírico sobre el tema. Diseño de anteproyecto	■				
C. Construcción del marco teórico provisorio	■				
D Construcción de las muestras	■				
E Construcción de las categorías iniciales para el análisis de la información	■	■			
F .Construcción de instrumentos de indagación y registro de información.		■			
G. Relevamiento de la información		■	■		
H. Procesamiento de la información			■	■	
I. Elaboración de conclusiones				■	
J. Redacción de informe				■	
K. Formalización de acciones de transferencia					■

7.- RESULTADOS, ANÁLISIS E INTERPRETACIÓN DE DATOS

Las categorías analizadas en cada hospital fueron: adecuación y caracterización física y del personal, la comunicación y relaciones vinculares, participación de madres y padres, comunicación e información a niños y familias, conocimiento sobre derechos y acciones para dar mejor atención a los niños; como afecto la internación en las/os niñas/os con relación a los Derechos a la salud durante la hospitalización infantil.

Con relación a la primera categoría, "la adecuación y características físicas y del personal sanitario" observamos y analizamos:

a) El HOSPITAL INTERZONAL DE AGUDOS ESPECIALIZADO DE LA PLATA

caracterizado por ser un Hospital Interzonal de Agudos Especializado en Pediatría Superior. Es la institución de máxima complejidad para la atención pediátrica en la Provincia de Buenos Aires. Un centro de referencia provincial que frecuentemente supera los límites de la provincia e inclusive del país. En él se desarrolla actividad asistencial, docente y de investigación. Creado en 1889, su historia data de 111 años para atender la demanda de atención pediátrica en una ciudad recién fundada, en él hicieron escuela precursores argentinos de la pediatría, cirugía y neonatología nacional e internacional como: Climent, Mazza, Lozano, Gorostiague, Blanco, Armendáriz, Sujov, Morano Baldizzone, Renteria, Silber, Spizirri, Hauri, Unchalo, Itarte, Brock y muchos más. Se instalaron en el hospital las salas de las cátedras de Medicina Infantil, Enfermedades Infecciosas de la Facultad de Medicina de la Universidad Nacional de La Plata, en 1968, el Dr. Vicente Climent creó las residencias de clínica pediátrica siendo el encargado de Docencia e Investigación. Actualmente cuenta con un Centro Quirúrgico, un Servicio de Cirugía Cardiovascular y Trasplante de Órganos Sólidos. Y funcionan tres servicios de Terapia Intensiva: Neonatal, Pediátrica y Cardiovascular, y 2 servicios de terapia intermedia: Clínica y quirúrgica.

Hemos realizado esta investigación en *una sala de internación de terapia intermedia clínica infectológica*. Esta Sala ó Servicio está considerada del área de Medicina Interna, y la subespecialidad de Infectología. Los médicos tienen a cargo la supervisión y/o atención de todos los pacientes internados del Hospital, excepto aquellos correspondientes a los servicios de cuidados intensivos; en total cuenta con 240 camas/unidades de internación, la sala observada 24 camas. Además de los médicos de planta colaboran las residencias de primer nivel de Clínica Pediátrica y de segundo nivel de Medicina Interna Pediátrica. Recibe la internación de pacientes de la guardia, consultorios externos, las derivaciones del Sistema de Emergencias del Ministerio de Salud de la Pcia. Bs. As. de la Región Sanitaria XI y otras regiones. El estar a cargo de toda la internación del Hospital implica el control y tratamiento de pacientes internados en salas de mediana/alta complejidad: clínica, trasplante de médula ósea, trasplante renal, infectología, etc.

Durante nuestra investigación, periodo 2008 y 2009, el área que mencionamos tuvo un promedio de 30 internaciones diarias entre derivaciones, guardia externa y consultorios externos. Y en la Sala durante los 2 años estuvieron ocupadas las 20 camas y 4 cunas, con similares patologías variando solo las edades y sexo de las/os niñas/os hospitalizados.

Las patologías con mayores niveles de internación en la Sala fueron: Meningitis: 47 %, Bronquiales: neumonías, bronquiolitis y otras 39%, infecciosas de otro origen: 14%.

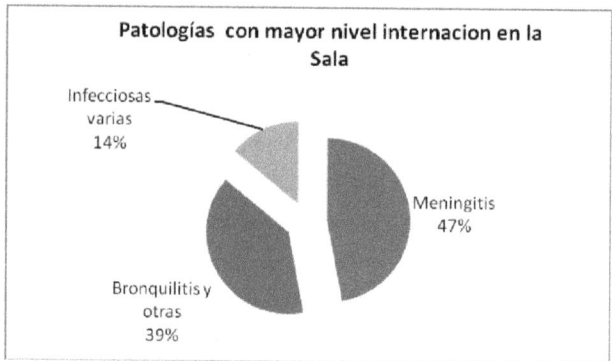

Fuente: Elaboración propia con datos primarios obtenidos en la institución

El tiempo de internación promedio estuvo entre 4 y 7 días el 59% de las/os niñas/os hospitalizados, de 1 a 3 días un 37%, 8 días o más el 4%.

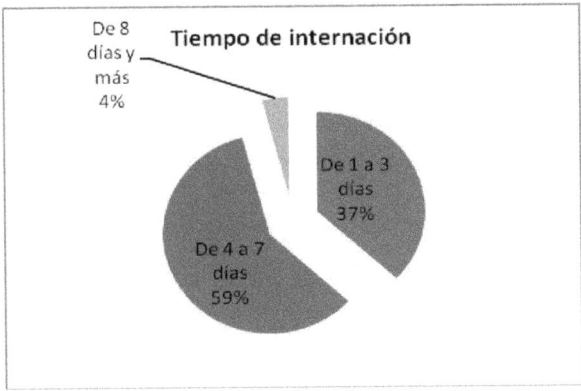

Fuente: Elaboración propia con datos primarios obtenidos en la institución

En cuanto al sexo, un 51% fue femenino y el 49 % masculino y las edades se distribuyeron de la siguiente manera: Menores de 2 años (en cunas) 8% de los internados, 2 a 4 años: 26%, 5 a 7 años: 31%, 8 a 10 años: 25%, más de 11 años: 10%.

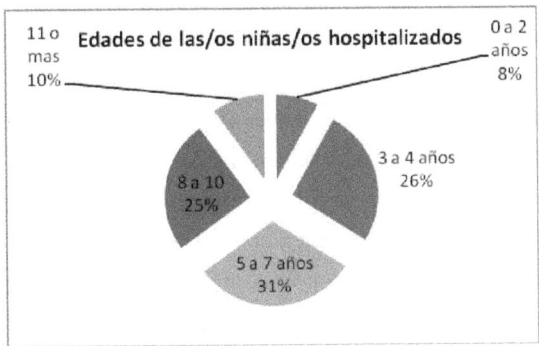

Fuente: Elaboración propia con datos primarios obtenidos en la institución

Las/os niñas/os que fueron hospitalizados provienen de hogares ubicados en: La Plata y alrededores: 48%, derivados de otros servicios de la Provincia de Buenos Aires en un radio de 400 kms. 52%.Estaban acompañados por algún miembro familiar mayor de edad el 100% de los/as menores.

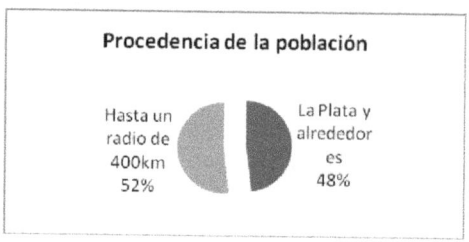

Fuente: Elaboración propia con datos primarios obtenidos en la institución

b) HOSPITAL ZONAL GRAL. DE BUENOS AIRES

Fundado en 1945, es un Hospital Zonal de Agudos Provincial ubicado en una ciudad de 80.000 habitantes, atiende un promedio de 1500 personas a diario. La zona de influencia incluye las localidades de Chivilcoy, Saladillo Suipacha, Navarro, Lobos, San Andrés de Giles El promedio de consultas mensuales es de 7.700, incluyendo niños de 3100. Las emergencias las atienden dos médicos de guardia por día, quienes además están asignados a acompañar todas las derivaciones que salen del Hospital a distintos lugares de la Provincia, por lo que la mayoría de las guardias solo están cubiertas por un solo profesional. No tiene pediatra de guardia activa las 24 hs todos los días de la semana. Esporádicamente se cubren algunas horas con profesionales becados que no cuentan con vacaciones ni licencias ni beneficios, por lo que su permanencia en el Hospital en general es temporaria. El Servicio de pediatría están asignadas dos enfermeras por turno de 8 horas. Una de ellas debe salir con la ambulancia cada vez que se lo requiera desde la población, por lo que es común que la Emergencia para una población de 80.000 habitantes y zonas de influencia solo esté cubierto gran parte del día por un solo médico y una sola enfermera. No hay camillero destinado a la guardia y desde las 22 horas el hospital no cuenta con ningún camillero. No hay mucama destinada a la guardia y desde las 22 horas solo hay una mucama destinada para todo el hospital. El Hospital no cuenta con telefonista desde las 22 horas, por lo que esa función la debe realizar la mucama (hay una para todo el Hospital en la noche), o el agente de policía o la enfermera de guardia. Se cuenta con dos camillas en el Shock Room y dos camas de internación transitoria en una habitación. El Servicio de Rx es atendido por Técnicos Radiólogos activos las 24 horas, presenta graves deficiencias por mal funcionamiento de los equipos por falta de mantenimiento y de reposición de los que han dejado de funcionar. No hay servicio de ecografía para la urgencia por falta de médico radiólogo de guardia pasiva, lo mismo que los informes de las Tomografías deben esperar entre 10 y 15 días por la no instrumentación para tal fin. La guardia de laboratorio es pasiva, pese a tener en funcionamiento una Terapia Intensiva, 200 camas de internación y todo el Servicio de Emergencia. El Servicio de Laboratorio se encuentra recargado en grado extremo debido a la falta de nombramientos y el reemplazo de los cargos que por distintas circunstancias cumplen otra función (ejemplo la de Dirección del Hospital). No posee ambulancia destinada a la guardia, por lo que es frecuente que el servicio a la comunidad sea dado por ambulancias privadas y hasta se ha dado el caso en que se ordene vía Dirección a la enfermera de turno buscar un paciente en emergencia en un remisse (cosa fuera de lugar totalmente y que no solo pone en grave riesgo la vida del enfermo, sino también la seguridad física y legal del personal del hospital). Cuenta con guardia pasiva de Cirugía General, Ginecología y Obstetricia y algunos días de la semana de traumatología.

SALA DE PEDIATRIA: Tiene 68 camas distribuidas en un piso (2°) 61 y las 7 restantes en dos pisos diferentes (1° Terapia Intermedia y 3° Terapia Intensiva), situación que dificulta el manejo del área pediátrica. El ala pediátrica la constituye una Sala donde se distribuyen las 61 camas en 16 habitaciones compartidas.

Los dos años en que realizamos la investigación (2008-2009) estuvieron siempre ocupadas. Las edades de las/os pacientes y patologías fueron sin un orden, se internaban en la cama disponible en ese momento. La atención está a cargo de internación y consultorios se realiza con 6 médicos (uno de ellos es el Jefe de Servicio, que además está a cargo de UTI, UCI y Salud Mental), 6 enfermeras titulares y 8 becadas, que cumplen turnos de 8 horas. Sin franqueras y que deben atender las 68 camas totales. La carencia de mucamas es aún más notoria, cualquiera de los servicios antes mencionados deben tener por ley, 1 mucama cada 4 camas o fracción por turno, observamos que hay una mucama por turno de 8 horas (2 por día para cubrir ambos servicios),y a la noche hay una sola mucama para todo el Hospital, que además está a cargo del teléfono, situación que genera graves inconvenientes cuando se debe derivar un paciente o solicitar alguna comunicación de urgencia al no contar con personal idóneo para la tarea. Tampoco se cuenta con camillero por lo que generalmente es el personal de enfermaría, médico y de mucamas quien tiene que estar trasladando o pasando de cama a camilla y viceversa a los pacientes.

Tanto Unidad de Terapia Intensiva, Cirugía, y Hematología servicios de mediana a alta complejidad, se encuentran ubicados en el 4to piso, siendo el único acceso la escalera que se encuentra frente a los ascensores, Debería replantearse seriamente la ubicación de éstos servicios, porque están alejados de los centros de diagnóstico: TAC, Rayos, Ecografía, Laboratorio etc., todos ubicados en planta baja por la incomodidad de estar trasladando una y otra vez la población hospitalizada a los mismos. Por falta del equipamiento adecuado no se realizan operaciones a niños de menos de 25 kg. (5 años de edad), ellos deben ser derivados como por ejemplo apendicetomías a la ciudad de La Plata, Junín, Pergamino u otros lugares. La falta de servicio de neonatología y de pediatra de guardia, incide que solo se pueden hacer partos o cesáreas de pacientes a término, siendo altamente frecuente la derivación de parturientas prematuras o de bebés prematuros, con los riesgos y dificultades sociales que eso conlleva. Lo mismo sucede con niños que ante deben ser derivados a servicios de mayor complejidad dado la falta de personal y de elementos para su permanencia en el Servicio.

Las patologías con mayores niveles de internación en el Servicio fueron: Patologías infecciosas de todo tipo (Meningitis, Bronquiales, Intestinales, etc) el 40 %, Otras patologías no infecciosas de diferente origen como digestivas, bronquiales, etc, el 39%, lesiones y accidentes de distinto tipo un 18%, enfermedades de largo tratamiento 3%

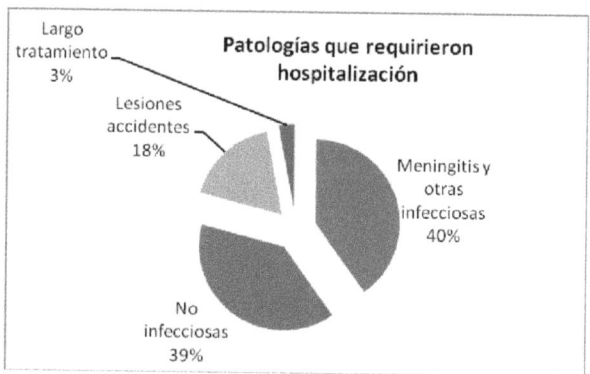

Fuente: Elaboración propia con datos primarios obtenidos en la institución

Dada las característica del Servicio las internaciones son acotadas en el tiempo de internación, porque enseguida se intentan las derivaciones a centros con mejor infraestructura profesional Es por ello que: entre 1 y 3 días de internación estuvieron el 88 % de las/os niñas/os hospitalizados, y de 4 a 10 días el 12 % restante.

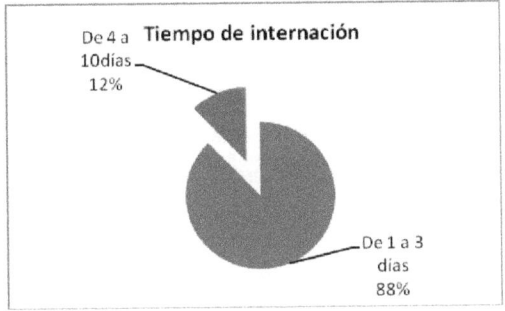

Fuente: Elaboración propia con datos primarios obtenidos en la institución

En cuanto al sexo, un 48 % fue femenino y el 52 % masculino y las edades se distribuyeron de la siguiente manera: Menores de 2 años (en cunas) 6% de los internados (sólo horas hasta derivación, 3 a 4 años: 38%, 5 a 7 años: 26%, 8 a 10 años: 22%, más de 11 años: 8%.

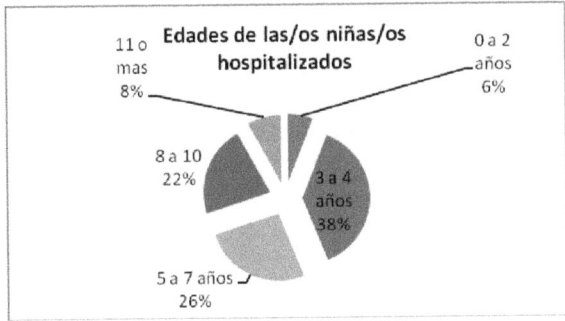

Fuente: Elaboración propia con datos primarios obtenidos en la institución

Las/os niñas/os que fueron hospitalizados provienen de hogares ubicados en: Mercedes y alrededores: 100%, todos estuvieron acompañados por algún miembro familiar mayor de edad.

c) **HOSPITAL ZONAL MUNICIPAL**

El hospital zonal municipal, único centro de la zona, que fue creado en septiembre de 1911, tiene 100 años de existencia hasta los años 90 fue parte de la red Provincial pero se transfirió a la esfera municipal. Actualmente posee 93 camas, atiende un promedio de

2.730 consultas externas por mes y realiza un promedio de 134 cirugías en el mismo lapso de tiempo. No cuenta con sala especial de Pediatría sino que las/os niñas/os son hospitalizados en habitaciones de 4 camas, por orden de llegada y necesidad. Dada la poca complejidad de sus instalaciones y la insuficiente cantidad de profesionales médicos especialistas su mayor preocupación es la derivación a otros centros para la atención, como La Plata y Junín.

Se realizan operaciones a niños de menos de 25 kg. (5 años de edad), pero no cuenta con servicio de neonatología de guardia, tiene un servicio de terapia intensiva general (10 camas). Ante los casos complejos se derivan los enfermos a servicios más completos, un aspecto destacable fue que este hospital se constituye en el único centro de atención sanitaria de la localidad, porque no hay otras instituciones públicas o privadas que atiendan la consulta sanitaria de la localidad.

Las patologías con mayores niveles de internación pediátrica en el Hospital fueron: Patologías infecciosas de todo tipo (Meningitis, Bronquiales, Intestinales, etc.) el 32 %, Otras patologías no infecciosas de diferente origen como digestivas, bronquiales, etc, el 41%, lesiones, Internación en observación por distintas patologías: 14%, accidentes de distinto tipo un 11%, enfermedades de largo tratamiento (diabetes, neurológica y otras) 2%.

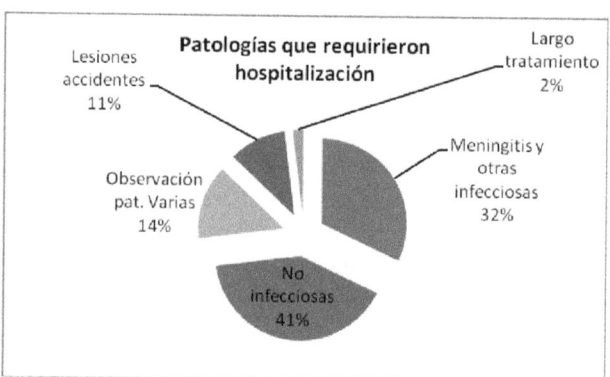

Fuente: Elaboración propia con datos primarios obtenidos en la institución

El hospital municipal, en el periodo observado, tuvo siempre la totalidad de las camas ocupadas, salvo casos excepcionales, con internaciones cortas y rápida derivación a otros centros sanitarios. Entre 1 y 2 días de internación: el 60 % de las/os niñas/os hospitalizados, de 3 a 4 días el 36 %, de 5 días o más (no superaron los 7 días): 4 %.

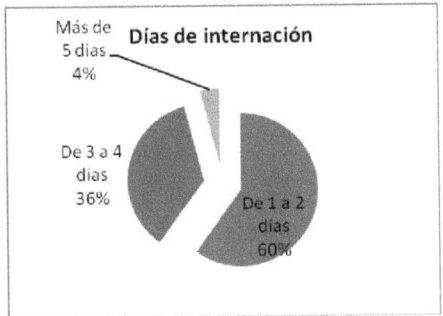

Fuente: Elaboración propia con datos primarios obtenidos en la institución

En cuanto al sexo, un 51 % fue femenino y el 49 % masculino y las edades se distribuyeron de la siguiente manera: Menores de 2 años (en cunas) 11% de los internados, 3 a 4 años: 43%, 5 a 7 años: 31%, 8 a 10 años: 10%, más de 11 años: 5%.

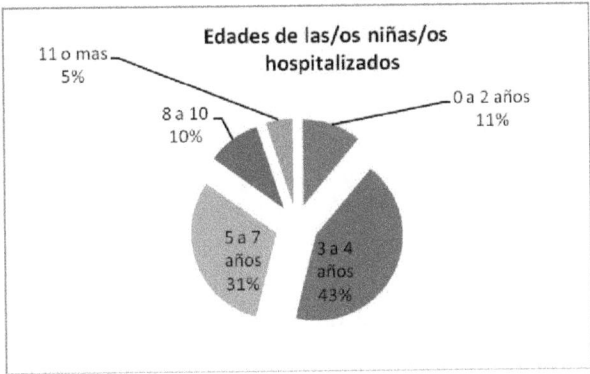

Fuente: Elaboración propia con datos primarios obtenidos en la institución

Las/os niñas/os que fueron hospitalizados provienen de hogares ubicados en: Carmen de Areco y alrededores, y la totalidad estuvo acompañados durante su hospitalización por algún miembro familiar mayor de edad.

La comunicación entre niñas/os hospitalizados-agentes sanitarios y familias

Con relación a ésta categoría, una primera cuestión que nos parece interesante mostrar es que ninguna de las instituciones estudiadas tenía información-comunicación relacionada con los derechos de la niñez hospitalizada en carteleras, no hallamos ninguna publicación visual, oral o escrita donde se informe acerca de los derechos que asisten a los menores internados. A partir del análisis de la categoría acerca del conocimiento que tenían los niños hospitalizados y actores que rodeaban de los derechos y deberes hallamos altos porcentajes de desconocimiento.

Muestra de ello fue que la mayoría de las familias y de los agentes sanitarios entrevistados durante 2 años en los tres servicios (78%) los conocía, por ejemplo: el 10 % de las mucamas, 38% enfermeros, 46% profesionales y 22 % de padres no tenían información sobre los derechos.

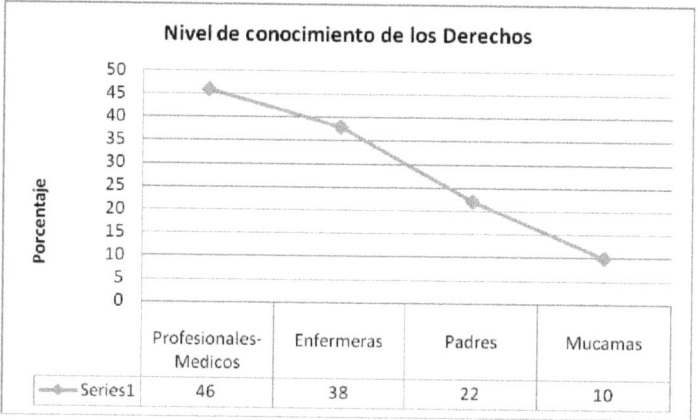

Fuente: Elaboración propia con datos primarios obtenidos en las instituciones

Este dato es muy importante con relación a nuestro objeto de estudio, y nos preguntamos ¿cómo puede cautelarse o demandarse el cumplimiento de los derechos a la niñez hospitalizada si se desconocen?

Otra cuestión observada fue el modo en que se comunicaron las normas hospitalarias ante la hospitalización y si se mencionó la existencia de los derechos a la niñez hospitalizada durante la misma. Apreciamos que la mayoría de las internaciones (76 %)

se realizó en horario administrativo (Lun. a Vi. de 8 a 14 hrs.), los agentes sanitarios integrantes del Servicio Social se comunicaron con las familias y establecieron el primer contacto. Las Asistentes Sociales y empleadas administrativas que integran el servicio realizaron entrevistas a las familias/ o acompañantes, solicitando datos del menor, de las familias y les informaron acerca de las normas (horarios de visitas, características del acompañamiento al menor hospitalizado, necesidades materiales como toallas, sabanas, elementos de higiene, etc,, cobertura de Obras Sociales durante las internaciones, etc.) y la organización interna de cada hospital (espacios de descanso, ubicación de sanitarios, buffet, capillas, etc.). En ningún caso esta información oral se completó con cartillas o informes por escrito.

Cuando las internaciones (el 24 % restante) fueron en otros horarios o días, la información y normas internas hospitalarias y de Sala las dio el personal de enfermería o en algunos casos los médicos de guardia o familiares de otros internados, hasta que se completaron las entrevistas por el personal del Servicio Social, en día y horario hábil.

Las tres instituciones tienen un Servicio de Atención Social integrado por asistentes sociales y empleadas administrativas hospitalarias. Entre sus funciones y actividades prioritarias está ser el nexo y uno de los eslabones vinculares entre la organización interna hospitalaria y los actores que acompañaron al menor hospitalizado. Observamos que no se realizó una segunda entrevista en todos los hospitales, solo en el Hospital Sor Maria Ludovica y en un 16 % de los casos hubo intervención más prolongada del Servicio Social.

Con relación a la existencia de algún tipo de comunicación visual entre familiares e institución sanitaria y a qué temas se referían la misma hemos observamos que:

Los horarios de visita estaban indicados en carteles: a) manuscrito colgado en la puerta de acceso a la Sala de Infecciosos (Hospital de Pediatría) b) escrito con tiza en pizarrón ubicado al lado de la puerta de acceso al hospital INTERZONAL y c) en papel de maquina ubicado en cartelera en la entrada del hospital municipal La mayoría de las publicaciones encontrados fueron: posters de publicidad de laboratorios y pañales descartables donde se promueven y valoran: el cuidado de la infancia, la importancia de alimentación con leche materna, calendario de vacunación, cuidado especial ante la gripe y prevención de accidentes domésticos. O Carteleras indicadoras de los distintos espacios hospitalarios y de los médicos que concurren a cada servicio, este ultimo solo en el Hospital de Pediatría de La Plata. En este hospital, en la sala de atención de Servicio Social hay un poster con los derechos de la niñez hospitalizada, publicado por la Asociación Argentina de Pediatría y Laboratorios Pfizer, pero no hallamos algún tipo de actividad programada para difundir los mismos en la institución.

En la Sala de Infecciosos del Hospital de La Plata, los familiares entrevistados (76%) respondieron que las enfermeras/mucamas a cargo y de manera verbal les informaron la organización interna de la Sala (horarios de visita, horarios de cuidado de las/os niñas/os hospitalizados, posibilidad y modalidad de acompañamiento), el 24% restante contestó que fueron los médicos quienes los informaron. La totalidad de los familiares manifestaron que la primera impresión al hospitalizar a sus hijos no fue una experiencia contenedora o afectuosa. A continuación mostramos alguno de los testimonios que abonaría fértilmente estos datos:

"Tuvimos algunas respuesta a nuestras preguntas pero no muchas porque todas nuestras dudas parecían que les molestaban, nos decían que esperemos que alguien nos iba a informar... podía ser un médico de guardia o de Sala que con suerte, una vez al día, en la mañana temprano o en la tardecita nos reunía a todos juntos para dar su parte." (Entrevista a padres de menor, 5 años, derivado de la Ciudad de Mercedes con meningitis para su tratamiento, un día sábado a las 4 horas ingreso por Guardia y fue derivado a la Sala de Infecciosos de Hospital Pediatra de La Plata) Continua diciendo la madre del mismo niño *"fue muy duro, estábamos sin dormir, habíamos viajado 200 Km. en la ambulancia y nadie nos decía nada, cada vez que golpeábamos una puerta nos respondían que esperemos. Y escuchábamos a nuestro hijo llorar del otro lado. Cuando lo entraron en la Sala de Infecciosos, al ratito vino una enfermera que nos dijo que podíamos entrar a verlo, calmarlo hasta que el médico hablara con nosotros. Entramos y estaba llorando, todo pinchado, le habían colocado suero y ese brazo estaba atado a la cama con gasas para que no se salieran las agujas. Nos pedía que lo sacáramos de ahí. Enseguida paso la misma enfermera que nos solicito que lo hiciéramos callar porque el resto de los chicos tenían que dormir, eran aproximadamente las 6 de la mañana, y le dijo al papá que tenía que esperarme afuera. Ahí me di cuenta que tenía una silla para el acompañante y que no había otras madres en la Sala".*

Este caso nos muestra como fue la primera relación de los padres con los agentes sanitarios ante la derivación e internación de sus hijos.

En cuanto a quien informó a las familias y los chicos acerca de los motivos y tiempo de internación, enfermedad y posible tratamiento u otro dato sobre la patología que tenían información que comprendió las categorías analíticas de "participación de madres y padres, comunicación e información a niños y familias" observamos que: la mayoría de las veces y en los tres casos estudiados, fueron los médicos quienes brindaron la información, el médico de Guardia o el responsable de Sala-piso quien atendió por primera vez y evaluó al menor hospitalizado.

Las explicaciones que se les dieron fueron variadas en los formatos y la modalidad. Los actores sanitarios (Médicos, enfermeras, residentes) respondieron masivamente (el 92%) que pudieron establecer un vínculo cordial y de confianza con las familias y los niños hospitalizados, facilitando con su actitud la disponibilidad de los padres para la internación, y que adecuaron su lenguaje y terminología médica a los interlocutores, situación que se relacionó con la diversidad de la población asistente a los mismos.

Observamos que la variedad y heterogeneidad de la población asistente a las tres instituciones, en cuanto a la edad y experiencia de los padres (primerizos de 14-15 años hasta madres multíparas añosas), a los niveles socio educativos (grupos de clase media alta y escolaridad universitaria hasta otros que pertenecían a sectores sociales que declararon su situación de marginalidad y pobreza extrema sin educación primaria completa), al tipo de vinculo familiar (menores a cargo de abuelos o de tíos menores de edad) o padres con algún tipo de discapacidad o adicción (familiar responsable adicta/o a drogas-alcohol).

Una cuestión interesante hallada fue que los agentes sanitarios y las familias asistentes respondieron que las instituciones hospitalarias son el único lugar de internación, ya sea por derivación o asistencia directa, para la población infantil de la zona. Pues las ciudades carecen de clínicas privadas con internación pediátrica y en La Plata, el hospital pediátrico es el único de alta complejidad, por tanto, cabecera de las derivaciones sanitarias desde toda la provincia. Estos datos podrían explicar la heterogeneidad de la población asistente y la necesidad que tuvieron los médicos y agentes sanitarios en ajustar su vocabulario y terminología a los oyentes.

<u>Las relaciones entre niñas/os hospitalizados-agentes sanitarios-familias y los derechos sociales</u>

Hemos observado y los referentes significativos manifestaron que las relaciones entre los menores internados y los agentes sanitarios tuvieron diferentes estilos; las hubo desde muy comprensivas, cariñosas, que utilizaban adivinanzas o juegos de palabras para desdramatizar situaciones, o cantaban trozos de canciones hasta las de indiferencia (aproximadamente más de la mitad) o demasiado formales, poniendo una distancia entre pacientes, familias, enfermos y agentes sanitarios.

A partir de la evidencia empírica hallamos diferentes relaciones vinculares que adoptaron las características particulares, personales e histórico culturales de los protagonistas y actores sociales que rodeaban a los niños internados en los tres hospitales. Relaciones vinculadas también con también con las características psicosociales de cada sujeto, los condicionamientos culturales y normativos vigentes. El interés el tema será motivo de un próximo estudio acerca de la problemática de las relaciones vinculares intrahospitalarias.

En cuanto a las vías y modos de comunicación entre los sujetos (niños internados- agentes sanitarios) observamos las diferentes percepciones, según quienes fueron los protagonistas que tomaron la palabra: los actores sanitarios, las familias acompañantes y las/os niñas/os hospitalizados.

La mayoría de los actores sanitarios (el 85 %) manifestaron que para trabajar en el área de internación pediátrica debían extremar su "paciencia", " seguridad", " amabilidad", "buen humor" y " dulzura" a cada momento. Algunos agentes también dijeron que utilizaron a los padres como interlocutores (60 %) para convencer a los chicos de la necesidad de colaboración y evitar el menor sufrimiento posible o una relación angustiante. Un pequeño porcentaje sintió que era prioritario "ponerse en el lugar del niño" o "tratar de sentir como un niño" (el 10%) adecuando su vocabulario y gestos o incorporando juegos u otras actividades para establecer una relación más agradable con los chicos internados y sus familias.

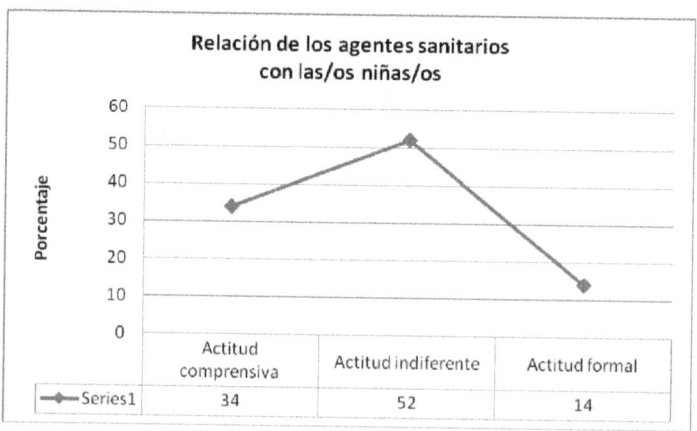

Fuente: Elaboración propia con datos primarios obtenidos en las instituciones

También un grupo mayoritario de los agentes sanitarios pensaron que las relaciones vinculares con los padres eran importantes, más del 60 % atribuyó a las/os niñas/os sentimientos de abandono o tristeza cuando se los separó de sus padres o de la intimidad familiar.

Por otra parte, manifestaron que la estadía de los chicos en los hospitales fue agradable (62 %), que pasaron momentos desagradables (25 %) y más del 13 % la consideró una experiencia muy desagradable porque fueron separados del entorno familiar.

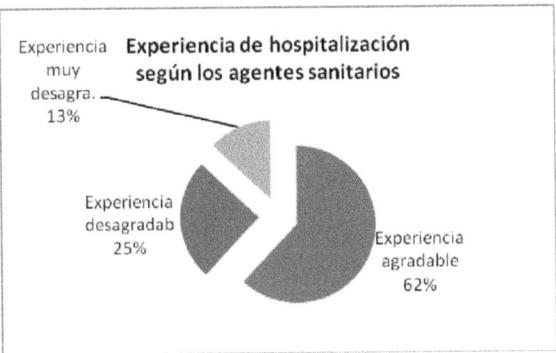

Fuente: Elaboración propia con datos primarios obtenidos en las instituciones

Esas respuestas no coinciden con los dichos de las familias quienes percibieron de manera diferente la hospitalización de sus hijos, un 18 % manifestó que fue agradable, el 40 % poco agradable, desagradable un 36 % y muy desagradable el 6%.

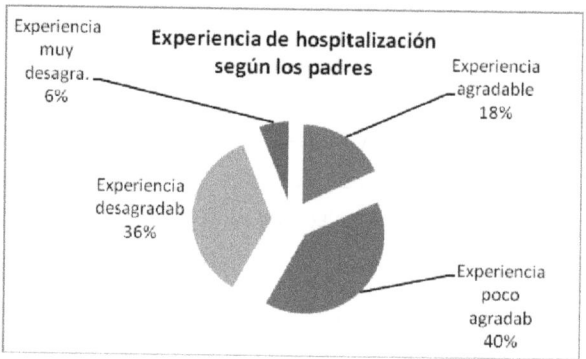

Fuente: Elaboración propia con datos primarios obtenidos en las instituciones

Los niños internados fueron críticos hacia las actitudes de los agentes sanitarios, más de la mitad (60 %) sintió que la hospitalización fue algo muy feo porque los dio miedo, tristeza, dolor. Y menos de la mitad percibió que "no es lindo estar en el hospital" o "no quiero que me curen más acá, quiero ir a casa para sanarme", aunque vivieran una relación afectuosa o contenedora con los actores sanitarios.

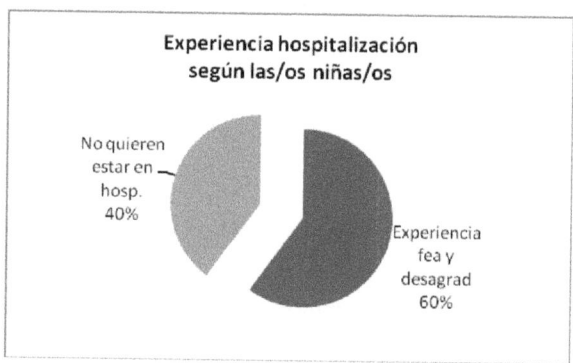

Fuente: Elaboración propia con datos primarios obtenidos en las instituciones

Una cuestión interesante de las relaciones vinculares fue observar que, en el Hospital de mayor dimensión y complejidad (de La Plata) el 70 % de los médicos tuvo una relación de tipo más formal que coloquial con los pacientes y familiares, utilizaron los momentos del parte médico diario (dos veces en el día) para informar la evolución sanitaria de cada niño, dado la mayoría de las veces (64%) de manera grupal y otras individual (36%). Los gestos eran distantes, los movimientos rápidos y a veces hasta el saludo fue imperceptible. Estos datos no fueron similares entre los médicos residentes y otros agentes (76%) quienes jugaban con los niños, o establecieron un vínculo afectivo contenedor de los menores y sus familias, en algunos casos los abrazaron y acariciaron en los brazos, piernas y cabeza. Un caso especial fue la actitud de las mucamas y enfermeras de noche de la Sala: la mayoría de las veces eran quienes imponían el cumplimiento de las normas (salir todos los acompañantes de la Sala cuando ellas la higienizaban- 2 veces en el día por más de 3 horas cada vez) Las normas hospitalarias fueron informadas, en el ingreso de cada caso a los padres pero no estaban escritas.

Escuchemos a los protagonistas como vivieron estas experiencias

"Yo, a las 6 de la mañana tuve que salir al pasillo y quedarme con las otras madres en las escaleras, nos dijeron que era para limpiar...los chicos que se despertaban lloraban... a las 7 salió el Doctor a dar el parte y dijo que enseguida entrabamos, no nos dejaron entrar hasta las 9.30 horas. Mi hijo estaba llorando parado al lado de la cama, me dijo que la Sra lo obligó a estirar las sábana, de la cama ortopédica y tiene 5 años, nunca hizo la cama pero además, él no alcanzaba por eso lo dejó parado al lado de la cama. Me quejé con la Jefa y me dijo que era una exagerada, pero Luis no me mintió y menos en ese momento."
(Madre de niño con bronquiolitis de 5 años, internado hace 48 horas derivado de La Matanza)

"Te hacen salir a cada rato pero peor es en la noche, sólo podemos entrar para darles de comer o la leche, porque después por una u otra cosa nos sacan de la Sala y los chicos se vuelven locos... son muy chiquitos ¿cómo van a quedarse solos?"
(Madre de nena de 3 años con meningitis proveniente de Lobos, estaba internada hacia 5 días)

"La única que los alegra es la Dra. Sara, ella es joven y a los chicos les encanta porque hace títeres con los guantes descartables que les regala, pero está un ratito en la mañana con ellos nada más. No sé si tuvimos mala suerte pero la Jefa Médica es muy seria, a los chicos les da miedo y a veces a nosotros también. A mi hijo ella le dijo que si no dejaba de llorar lo volvía a pinchar en la espalda, y esa fue donde le hicieron la punción. Yo no sé

si tienen que tratarlos así, el mío dejó de llorar pero no es la manera, están sufriendo Y es igual con todos. Ella puso las normas de la Sala y te dice: los padres acá dentro nos molestan, dejen de malcriarlos... No se ponen nunca en nuestro lugar, siempre está muy seria y todo lo hace muy rápido, a veces ni te habla, es muy dura" (Madre y tía de niño de 4 años con meningitis proveniente de Chivilcoy y 6 familiares que asentían las manifestaciones y esperaban en la antesala el ingreso a la Sala).

En los otros dos hospitales, la relación médico- enfermo- familias fue diferente, el 70 % dijeron que las actitudes eran contenedoras y afectuosas.

"Llegamos a la Sala de pediatría y el médico que internó a Juan nos explicó todo, pero primero le dio un caramelo para que no llorara y se tranquilizara... ahora quiere que lo atienda sólo el doctor, no se deja poner nada con las enfermeras, Y él lo abraza... " (Madre de Juan en Hospital de Mercedes, internado por bronquilitis)

" Acá nos conocemos todos, la enfermera es cuñada de una amiga mía, trata los chicos como si fueran sus hijos... el problema es en la noche o la mañana temprano que cambian las enfermeras y hay algunas que son bravas, no te dejan dormir con los chicos porque dicen que no se puede, y es triste que los dejen llorar tantas horas por día , nada más que para limpiar"(Madres en la puerta del Piso de Pediatría del Hospital de Carmen de Areco.-

Las relaciones que se establecen con los agentes sanitarios fueron muy diversos, notándose diferencias entre instituciones o servicios. Para algunos no sintieron ninguna relación afectiva "me revisan, no juegan y no sabe mi nombre", para otros ésta relación es importante "les gusta venir a jugar de a ratitos" y para un tercer grupo hay un vínculo con un algún componente afectivo: *"Hay muchos médicos que me miran y me revisan, yo me canso porque hablan y hablan. Cuando vienen me quedo callado para que no me reten pero me dicen "corazón" todo el tiempo... algunos son mas graciosos otros están peleados... yo no los conozco pero me preguntan dónde me duele y me dicen que tengo los ojos mas lindos de acá".*

En cuanto a los padres, advertimos que la mayoría (60 %) sintió desagrado por el tipo de atención hospitalaria que recibieron sus hijos, por el estado edilicio y la cantidad de personal el 66% y un 77 % se quejó de las normas que limitaron o imposibilitaron el acompañamiento a su familiar hospitalizado.

De forma tal que, las acompañantes de los menores hospitalizados no pudieron estar junto a los niños internados durante varias horas por día, debido a normas de organización hospitalaria vigentes. Esta situación se materializó con mayor evidencia en el Hospital de La Plata (algunos días estuvieron más de 12 hrs discontinuas sin acompañante) y en los otros dos hospitales más de 9 horas. Ello afectó de manera negativa en cada niño así como en sus familias y lesiono el derecho infantil de *"Los niños en el hospital tienen el derecho de estar junto a sus padres o a un sustituto de los padres, todo el tiempo que permanezcan internados."* (Derecho II) Y en caso de necesitar algún tipo de ayuda en la organización de las Salas, los agentes sanitarios promoverán y ayudaran a *"los padres alentándolos a que compartan el cuidado de sus hijos, y debiendo ser informados acerca de la rutina de la sala"* (Derecho III).

La mayoría de los padres (94%) a quienes se les restringió la visita, manifestaron que podrían y querían quedarse más tiempo junto a sus hijos y que no lo hicieron por los horarios y las normas que les impuso cada Hospital.

"El único lugar para quedarte es una silla, por lo general está rota, con el tapizado sin espuma, es mas cómodo sentarse en el piso pero no tenes ni baños para asearte ni comida para alimentarte. Todo se complica mucho y parece preparado para echarnos de las Salas" (Madre acompañante de Hospital de Mercedes)

"Me gustaría que me dejen quedar en la noche, aunque tenga que dormir en el piso o en un pasillo, el problema es que sólo dejan quedarse a las mujeres porque aquí no dejan ingresar en la noche a los hombres, yo tengo que mandar a mi mamá (abuela) porque soy separado y mis hijos están a mi cargo" (Padre, Maria Celeste, 4 años, Hospital de La Plata).

Los actores sanitarios opinaron del acompañamiento de las familias que: los padres y madres eran *"una ayuda porque están pendientes de los niños todo el tiempo"*; otros manifestaron que son un obstáculo, pues como decía una laboratorista *" la mamá es molesta y muy ansiosa, no me deja hacer las extracciones, de todo se queja antes que su niño, así no podemos trabajar "*. (Laboratorista de Hospital La Plata). La mayoría de los actores sanitarios (62%) pensaron que las familias dentro de las Salas son un obstáculo para sus desempeños, atribuyendo distintas causas que originaban esa dificultad, como posibles molestias que causarían al personal de la Sala, o distintas pautas y hábitos culturales, al estrés por la situación y hacinamiento que vivían las familias o a problemas de relación entre madres y padres dentro de las Salas. Por otro lado, la totalidad de los actores entrevistados dijeron que las familias brindaban un aporte fundamental en el bienestar y la recuperación de las/os niñas/os.

En cuanto a cómo percibieron los niños hospitalizados a los agentes sanitarios que los atendieron hubo variadas y distintas respuestas, en la Sala del Hospital de La Plata dijeron:

"Son muy buenos, siempre tratan que se me pasen los dolores, cuando sea grande yo también voy a curar a los chicos" Federico, 5 años, neumonitis.)

"Ellos trabajan para curarnos, a veces los llantos se hacen insoportables porque me duele la cabeza, las enfermeras nos gritan y la sacan a mi mamá y a mi me duele más toda la cabeza. (Oscar 6 años meningitis)

"Algunos médicos son buenos pero otros muy malos y te retan todo el tiempo, a mi no me hablan y a mi mamá tampoco, no sabemos ni como se llaman por eso me quiero ir de acá, siempre le tuve miedo a la inyección" (Santino, 6 años, meningitis)

Veamos como representó Santino con dibujos su experiencia

"A mí me trajeron en ambulancia, pero a mi papá y mamá no los dejaron subir conmigo. Mi papá en doctor también pero viajo con mami afuera de la ambulancia, como diez horas. Se me partía la cabeza, la enfermera me retaba, si lloras dicen que te duele más, por eso vomite en la ambulancia"

(Traslado – derivación de Mercedes a La Plata, en ambulancia a las 4 de la mañana)

"Cuando llegamos me pusieron en este lugar, hace mucho frio, no te habla nadie y ponen el televisor que me duele más la cabeza. Mi papá me dijo que me va a sacar para llevarme con sus amigos que son más buenos porque me conocen del hospital donde trabaja él… me mandaron el muñeco Power y una almohada de pirata que están en el piso ¿Te gusta?.

- ¿Tenes ganas de dibujarte a vos en el Hospital?
- Y Bueno pero dame mi cartuchera porque sino acá me va a salir medio… medio

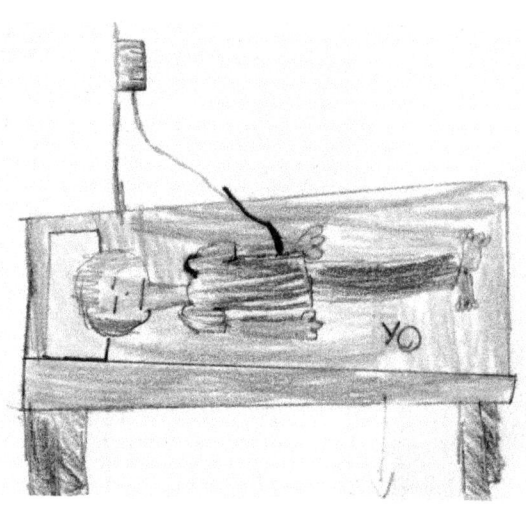

Le pedimos que se dibujara y no representó la realidad sino que se dibujó solo aún cuando en este momento lo acompañaban su papá y el resto de los ocupantes de la Sala, más de 20 personas. Pero él se graficó solo, muy derecho y rígido, teniendo cuidado de no moverse. Pareciera que el suero lo clavó a la cama. Su rostro está muy serio, seguramente vive distintas sensaciones como dolor, temor, inseguridad y angustia. Hace cuatro días que está hospitalizado.

Es interesante mostrar como Santino asoció a la Enfermera con una bruja de cuento infantil, con cara de enojada. Fue bastante común escuchar expresiones infantiles que relacionaban a las enfermeras o auxiliares como laboratoristas con la figura de las brujas. El niño volvió a dibujarse muy rígido, con muestra dolor y enojo en su rostro. Una de la sintomatología de meningitis es la rigidez corporal en cuello y miembros inferiores, estimamos que Santino pudo graficar el estado de su cuerpo y animosidad.

También advertimos que no dibujó a sus familiares ni otros chicos internados junto a él o a médicos, Cuando le preguntamos por ésta situación respondió que casi no los dejaban estar a su mamá y papá junto a él, y que los juguetes no pueden dejarse tampoco en la Sala.

"Sabés que a mi papá otra doctora le presta el delantal y él se mete a la noche y me acompaña, porque no se dan cuenta, sino sabes como lo van a echar, no digas nada vos".

Los dibujos y las voces de Santino tienen el valor de prueba y testimonio de cómo percibió su experiencia, si bien a partir de su caso no vamos ni podemos realizar generalizaciones sirve la evidencia empírica como nutriente fértil para la presente investigación.

En el municipal los chicos manifestaban:

"Yo los conozco a los doctores porque me atienden en su casa pero me quiero ir a mi casa. Acá me ponen inyección, me retan, me duele mucho el pecho y no me sacan ésto (señala el suero) que arde todo el tiempo. Ahora hasta muchas horas no está el doctor de nuevo" (Inés, 4 años, bronquilitis)

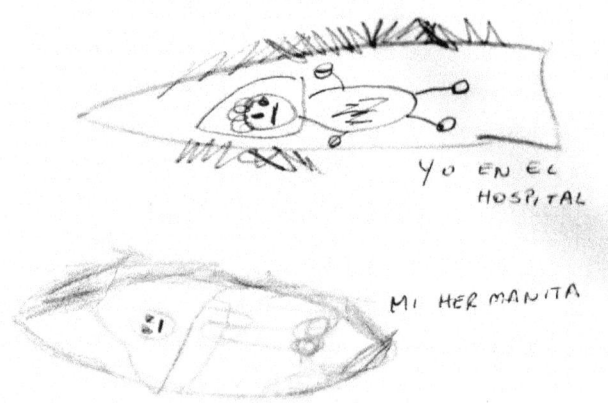

Ines quiso dibujar como estaba ella en la cama, nos dijo que como se sentía con miedo y sola dibujo a su hermanita de compañía en la cama de al lado, cuando le preguntamos "¿Dónde está mami?" Respondió "No, a ella no la dejan estar, solo un ratito"

"Me quiero ir rápido, lo único lindo es la televisión que pusieron dibujitos pero me duele mucho y tengo la tos que me duele también, no quiero estar acá" (Federico, 5 años, neumonía)

"Yo tengo miedo, me duele la cabeza porque tengo que llorar, no me quieren llevar y la doctora me reta. Me quiero ir, me lastima el brazo con la aguja (señala el suero) Me gusta más el pollo con arroz" (Martin, 6 años, meningitis)

En el hospital Zonal las/os chicas/os internados dijeron:

"Me gusta que vengan a visitarme pero no pueden entrar en la Sala, sólo de a ratos, me aburro mucho acá, lo que más me duele es la panza y la cabeza. La doctora hasta mañana no viene ni me dice cuándo me van a dejar salir. Tengo una infección en los pulmones muy fuerte por eso me dan oxígeno con esta máscara. Yo no estoy contento acá, mejor voy a estar en mi casa" (Luis, bronquiolitis, 6 años)

" No quiero que me dejen acostado acá"…" Me tengo que ir al Jardín, mamá lleváme"(Violeta, 6 años, pulmonía)

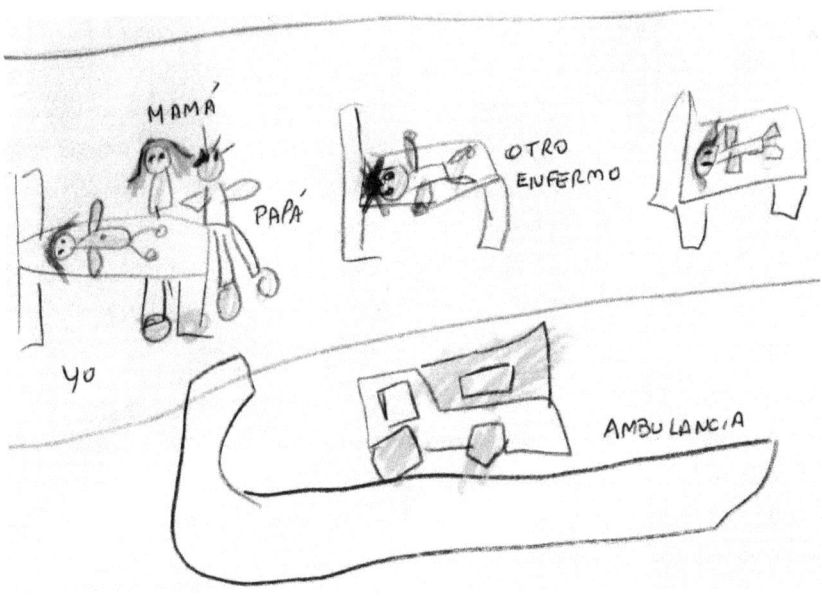

Violeta disfrutó de dibujar junto a su mamá quien la acompañaba en ese momento la Sala donde estaba internada, le puso nombre a cada figura. Cuando recordaba que no se podía mover libremente porque le estaban pasando suero con antibióticos le pedía que la llevara. No apreciamos el nivel de angustia como otros casos, posiblemente las normas sean más laxas y permitieron a los padres acompañarlos más tiempo en la Sala.

> " El doctor Rodi dijo que me voy prontito, no quiero que me sigan poniendo inyecciones"…" Acá no podemos jugar ni dibujar, te retan todos, no son buenos"
> (Expresiones varias de las/os niñas/os hospitalizados en Pediatría)

Cuando les preguntamos a las/os niñas/os hospitalizados acerca de qué tipo de apoyo recibieron la mayoría (76%) nos respondió que las enfermeras y doctoras a veces les dijeron cosas lindas como " que bien que te mejoras… que lindos que son… que bien te portas… no aguantes dolorcito yo te lo saco enseguida, avísame". Algunos comprendieron las explicaciones de sus enfermedades o el tratamiento que debían hacerles, otros por su edad no comprendían de la información recibida. Al revisar los datos obtenidos los niños, niñas mayores de 5 años y los familiares conocían casi en su totalidad (la excepción son dos casos para cada grupo), el nombre de la enfermedad que justificó la internación; sin embargo algunos padres no recibieron explicación alguna sobre el diagnóstico de la enfermedad (36 %), o el tratamiento de la misma (30%); algunos la identifican porque "escucharon" o "lo vieron en un papel". Observamos que la información fue dada generalmente a la hora del examen médico. En tres hospitales habían horarios especialmente definidos para brindar este tipo de información; una minoría de los médicos no dio información suficiente a los padres. Los diálogos espontáneos entre chicos y médicos o enfermeras no sucedieron con frecuencia, sólo ante un procedimiento doloroso los agentes sanitarios les explicaron a los niños para darles algún tipo de información. En tales casos fue inusual que los chicos opinaran o participar en el diálogo con los adultos. Las explicaciones que les dieron estaban relacionadas con animales como "te van a picar abejitas", enfatizando la necesidad de los procedimientos por razones como "te vamos a curar más rápido... y te vas para tu casa".

Observamos que cuando los niños fueron hospitalizados, cambiaron sus experiencias de vida rápidamente. Las Salas y los hospitales fueron sus espacios vitales durante días y en algunos casos hasta semanas. Pierden contacto con sus escuelas, hogares, familiares, amigos y se modifican sus actividades habituales de juego, recreación o aprendizaje. En estos espacios, desconocidos por ellos, hemos visto como los chicos tienen que aceptar cambios profundos en sus ritmos de vida como relacionarse con personas a quienes nunca antes había conocido. Entre ellos los agentes sanitarios quienes revisan su cuerpo o le realizan distintas prácticas, a ello se suman los cambios de horario, la separación de las familia, el malestar que tienen por su enfermedad y obligación de guardar reposo, los ruidos y otras incomodidades que contribuyen a explicar porqué para muchos niños la experiencia de la hospitalización puede ser una situación traumática.

CONCLUSIONES

"En Argentina, el 54 por ciento de los bebés prematuros fallece sin el acompañamiento de sus padres...persisten barreras en los centros de salud para garantizar el derecho de los niños hospitalizados a permanecer con sus seres más cercanos".

(Informe Unicef, Argentina, Derechos de los recién nacidos prematuros Derecho 9: Que sus familias los acompañen todo el tiempo. 2011)

A partir del estudio realizado, que advertimos y reiteramos, se ancló socio históricamente en el área pediátrica de tres hospitales públicos durante los años 2008-2009, por tanto los hallazgos no pueden ser generalizables ni es intención de las investigadoras generalizarlos a otros nosocomios o situaciones que tengan algún tipo de relación con el objeto de estudio de la presente.

Los datos aportados y evidencia empírica mostraron lo siguiente:

a) En relación a la adecuación y características físicas del Hospital y del personal pudo describirse que en los hospitales tienen serias dificultades para generar un área específica para los niños respetando diferentes etapas evolutivas. Si bien no podemos afirmarlo pues no hemos indagado documentalmente acerca de los presupuestos de las unidades hospitalarias, nos atrevemos a estimar que se va resolviendo la atención a la niñez en función de las demandas existentes y sin diseñar una intervención ajustada a la Derechos de los Niños/as. En consecuencia, se van atendiendo los casos de internación conforme a su llegada al hospital sin existir un departamento abocado a atender la formación del personal que recibe a los niños según sus edades biológicas, a la atención de las familias para que se integren al plan de salud elaborado para determinadas patologías, a atender a los niños/as para que puedan hacer una transición feliz entre el hospital y sus rutinas habituales considerando actividades lúdico- educativas.

b) La comunicación y relaciones vinculares que se establece en cada hospital está vinculada a las posibilidades personales de las personas y los agentes intervinientes pero no se halla institucionalizada en carteleras.

c) La participación de los padres y madres no está previsto ni en la infraestructura ni en la formación del personal, como ya se ha dicho anteriormente, y por lo tanto se restringe a las relaciones vinculares que puedan establecerse y a los gestos voluntarios de los agentes intervinientes en esa participación.

d) Existe una escasa difusión de los derechos de la niñez hospitalizada en los centros hospitalarios, y esto incide en la comunicación e información a niños/as y familias sobre derechos y acciones para la mejor atención de los niños y niñas hospitalizados/as.

e) Existe desconocimiento acerca de los derechos a la salud durante la hospitalización infantil.

Consideramos que hay mucho trabajo desarrollado por médicos y enfermeras de los hospitales pero pareciera que no hay una política sanitaria para que estas instituciones puedan atender sanitaria, psicológica y afectivamente cada niño de manera integral y completa. Suponemos que aún se sigue trabajando sobre la concepción de sujetos de intervención y que aún no se han abordado estrategias para universalizar la concepción de sujetos de derecho que se establece en los actuales marcos legales.

En tal sentido, nos pareció interesante resumir algunas de las propuestas recibidas por los chicos hospitalizados, sus familias y los agentes sanitarios, como aportes para políticas públicas destinadas al ámbito de la salud en pos de difundir y cumplir los Derechos infantiles.

- ✓ Dar a conocer, difundir y entregar a cada agente sanitario, padre y menor hospitalizado sus derechos y obligaciones, como primera cartilla informativa en el momento de ingreso al centro sanitario.
- ✓ Conocer y procurar resolver las necesidades y atención psicoterapéutica de apoyo para niños y padres.
- ✓ Organizar y concretar espacios de comunicación entre las familias y los niños para que realicen las preguntas necesarias ante cada práctica, cirugía o internación para tratar de superar los prejuicios o percepciones negativas que podrían tener ante la hospitalización.

- ✓ Explicar de manera cuidadosa y por anticipado cada práctica sanitaria (por ejemplo, colocación de sueros hasta cirugías) con los términos y el vocabulario adecuado al nivel del desarrollo del niño.
- ✓ Promover las actividades lúdica-educativas en todas las Salas con personal idóneo en cada hospitalización como terapéutica que los ayude a canalizar sus temores y miedos expresar la ansiedad jugando.
- ✓ Cuidar y garantizar la permanencia nocturna de la madre con el niño lactante y preescolar en un espacio cómodo y adecuado.
- ✓ Procurar que todos los niños reciban visitas diarias de sus familias.
- ✓ Facilitar el acompañamiento de la madre/ el padre en pre y post-anestesia de cada niño.

Pensamos que las instituciones estudiadas, por su carácter de públicas, deberían constituir espacios de protección de los Derechos infantiles. Para ello quizás necesitemos volver a mirarnos, ver las relaciones entre salud y educación, buscar nuestros errores para superar las críticas superficiales y comprometernos con un cambio profundo. Perspectiva que requiere la modificación de normas y pautas institucionales buscando garantizar el cumplimiento de los Derechos, una atención sanitaria de calidad y calidad de vida en las/os niñas/os hospitalizados, en la que los chicos no se sientan violentados, ya sea por separarlos durante horas de las compañía de sus padres o porque estén expuestos al descuido y la desatención.

Finalmente queremos señalar que una hipótesis que ensayamos al analizar los casos estudiados, es que no constituyó un punto prioritario en las agendas político-sanitarias pero como no estaba previsto metodológicamente en la presente investigación, pensamos que constituye un tema interesante para indagar en próximas investigaciones.

BIBLIOGRAFIA

Abel, F. y otros. (1985). El Servicio de Orientación y Planificación Familiar del Hospital San Juan de Dios de Barcelona desde sus comienzos. *Labor Hospitalaria*. 197: 161-178.

Attie-Aceves, C. (1995). La familia del niño cardiópata. *Archivo del Instituto de Cardiología de Méjico,* Vol. 65: 159-167.

Aubry,J et al.(1955) " *La carencia del acompañamiento maternal"*, PUF. Centro Publicaciones. Paris, Francia

Barrio, del C.(1990) *La comprensión infantil de la enfermedad*, Barcelona, Anthropos

Blinder,Jorge (1997) "El niño internado". Revista de Medicina Infantil. Hospital de Niños de Buenos Aires

Boloniati. N (2006) *"Relaciones de poder en pediatría: marco teórico para una investigación antropológica."* Tesis Doctoral UBA. Buenos Aires

Borsotti, C (1999) *El diseño de investigación. Seminarios I y II* Apuntes de Cátedra de la Maestría en Política y Gestión de la Educación. Seminario de Proyecto de Investigación Universidad Nacional de Luján: Buenos Aires, Argentina

Bottinelli, M.(2007). La impunidad como crimen de lesa humanidad.(1° ed. pp 189-215) en *Atención Integral a víctimas de tortura en procesos de litigio*. Buenos Aires, Argentina: Instituto Interamericano de Derechos Humanos

Bowlby, J. (1950) *"Maternal care and mental health"*, Report. Organización Mundial de la Salud, Ginebra. Suiza

Del Pozo, A. y Polaino, A. (2000). *El impacto del niño con cáncer en el funcionamiento familiar.* En A. Polaino; M. Abad; P. Martínez y A. Del Pozo. *¿Qué puede hacer el médico por la familia del enfermo?* 3: 45-65. Madrid: Rialp.

Del Valle, M. y Villanezo, I. (1993). *El niño enfermo de larga duración no hospitalizado. Una propuesta de intervención.* La Pedagogía Hospitalaria en la actualidad. Libro de conferencias, comunicaciones e informes de las V Jornadas de Pedagogía Hospitalaria, 143-145. Oviedo.

Escardó, F. (1956) *¿Qué es la pediatría?* Ediciones Columba. Buenos Aires

Fernández, M. (1999). *La orientación familiar en el contexto hospitalario.* Tesis Doctoral inédita. Universidad de Salamanca. Facultad de Educación.

García Barthe, M (2007) "Internación conjunta: un avance en la Pediatría Argentina". Rev. Hospital de Niños Gutierrez N° 4 9 Buenos Aires

Haller, J.; Talbert, J. y Dombro, R. (1987). *El niño hospitalizado y su familia.* Buenos Aires: El Ateneo.

Platt H. (1959) *"The welfare of children in hospital."* Report. Ministry of Health, Central Health Services Council, Londres

Palomo del Barco, M Pilar (1995) *El niño hospitalizado: características, evaluación y tratamiento.* Madrid. Ed.Pirámide,

Polaino, A. (2000). *Elogio de la familia en el contexto de la enfermedad.* En A. Polaino, M. Abad, P. Martínez y A. Del Pozo. *¿Qué puede hacer el médico por la familia del enfermo?* 7: 131-149. Madrid: Rialp.

Polaino, A. y Martínez, P. (1999). *El impacto del niño enfermo en la familia.* Acta Pediátrica Española. 57 (4): 180-183.

Polaino, A. y Ochoa, B. (1998). *Un estudio acerca de la satisfacción de los padres con la hospitalización de sus hijos.* Acta Pediátrica Española. 56 (2): 100-108.

Ponce, J. (1993). *Niños con problemas crónicos. Atención continuada de enfermería.* Revista Rol de Enfermería. 181 (9), 19-23.

Quiles, M. y Pedroche, S. (2000). *El papel de los padres en la preparación psicológica a la hospitalización infantil.* En J. Ortigosa y F. Méndez (eds). *Hospitalización infantil: Repercusiones psicológicas. Teoría y Práctica*, 155- 174. Madrid: Biblioteca Nueva.

Real Academia Española, *Diccionario de la lengua española*, vigésima segunda edición. (http://www.rae.es/)

Serradas Fonseca, M.(2003). *La pedagogía hospitalaria y el niño enfermo: Un aspecto más en la intervención socio-familiar.* Revista de. Pediatría , set. 2003, vol.24, no.71, p.447-468. ISSN 0798-9792.. Caracas. Venezuela

Sirvent, M.T (2001*). El diseño de investigación. Estadística y aplicación I* Apuntes de Cátedra de la Maestría en Política y Gestión de la Educación. Seminario de Proyecto de Investigación Universidad Nacional de Luján: Buenos Aires, Argentina

Valdés, C. y Flores, J. (1995). *El Niño ante el Hospital. Programas para reducir la Ansiedad Hospitalaria.* Oviedo: Universidad de Oviedo

ANEXO

GUIA DE OBSERVACIÓN:

Datos: Hospital.

Localidad

Fecha y hora de la observación:

Espacios físicos donde se realiza la observación:
Describa las características de los espacios físicos que observa sin obviar detalles.

Quién informa a los padres de los motivos, tiempo de internación, enfermedad, posible tratamiento y otro dato que Ud. crea importante consignar

Existe algún tipo de comunicación visual? Que dice la misma? Sobre qué temas se trata?

Qué tipo de relación se establece entre los agentes sanitarios y los adultos responsables de los niños internados?

Que tipo (o cómo es) la relación que se establece entre los agentes sanitarios y los niños internados?

Con qué frecuencia los agentes sanitarios visitan y dialogan con los adultos responsables de los niños?

Con qué frecuencia los agentes sanitarios visitan y dialogan con los niños hospitalizados?

Realizan algún tipo de gesto los agentes sanitarios? Cuáles?

En el hospital que Ud observa quiénes son los agentes sanitarios a quienes dirigen sus pedidos o informes las familias? Y los niños hospitalizados?

Describa sin obviar detalles cómo es el espacio físico donde están los niños hospitalizados.

Otros aspectos que observa y estima deben ser consignados:

Datos estadísticos, encuesta a completar por investigador

Hospital: Nombre

Categoría del Hospital: Zonal, interzonal, etc:

Localidad:

Cantidad de camas de internación:

Año 2008- 2009-:

Datos personales de los niños internados :

Hospital:
Ciudad de:
Niños hospitalizados-

Sexo/Edad	4	5	6	7	8	9	10	11	Total
Femenino									
masculino									
Total									

distribución por Salas de Internación

Salas/Edad	4	5	6	7	8	9	10	11	Total
Sala Común de Pediatría									
Sala especial de infecciosas									

Sala de terapia Intermedia									
Sala de Terapia Intensiva									
Total									

Motivo de internación:

Motivo/Edad	4	5	6	7	8	9	10	11	Total
Enfermedad									
Accidente									
Otras: (especificar)									
Total									

Tiempo de internación

Tiempo/Edad	4	5	6	7	8	9	10	11	Total
Menos de 3 días									
De 4 a 7 días									
De 8 a 14 días									
Otros(especificar cantidad de días)									
Total									

Patologías que requirieron internación:

Enfermedad/Edad	4	5	6	7	8	9	10	11	Total
Bronquiolitis									
Neumonía									
Meningitis									
Otras (especificar)									
De tratamiento prolongado									
Oncológica									
Otras (especificar)									
Total									

ENTREVISTAS SEMIESTRUCTURADAS .

A MADRES- PADRES O ACOMPAÑANTES

Presentación y datos personales

1. ¿Cómo se enteró que su hija/jo iba a ser hospitalizado?

2. ¿Alguna vez había sido hospitalizado?

3. ¿Por qué piensa que su niña/ño debe ser internado, cuál es la enfermedad que tiene?

4. ¿Cómo expresó su hija/jo la enfermedad?

5. ¿Cuáles fueron las indicaciones que le dio el médico para cuidar a su hijo?

6. ¿Qué cuidados, controles o planificaciones familiares utilizan para poder acompañarlos ante la internación?

7. ¿Cómo fue su experiencia con el servicio de atención de su hija/o?

8. ¿Cuál fue el resultado alcanzado por la atención de su hija/o?

9. ¿Cómo es la relación suya con los médicos que lo asisten?¿ Y con el resto del personal del hospital?

10. ¿Lo acompaña Usted durante toda la internación?

11. ¿Por qué no puede acompañarlos en algunos horarios?

12.¿Quién le comunicó las reglas internas de la institución?

13. ¿Le afectan a Usted estas reglas, y a su hija/o hospitalizado? ¿Cómo?

14.- ¿Quiere Ud. agregar algo más?

15 Le pedimos que nos relate su experiencia en durante la hospitalización de su familiar

16 ¿Conoce Ud.los derechos de la niñez hospitalizada?

A MÉDICOS, ENFERMEROS, MÉDICOS RESIDENTES, ASISTENTES SOCIALES, RADIÓLOGA, LABORATORISTA, PERSONAL ADMINISTRATIVOS Y AUXILIARES (MUCAMAS, CAMILLEROS, CHOFERES):

Presentación y datos personales:

1. ¿Cuál es el cargo que Ud. tiene en el hospital?
2. ¿Cuánto tiempo hace que está en el servicio de pediatría?
3. ¿Cómo ha sido su experiencia profesional-laboral?
4. ¿Es su primera experiencia?
5. ¿Qué tareas desarrolla y cómo es su jornada en esta Sala?
6. ¿En qué momento establece la primera relación con la familia y el paciente?
7. ¿Puede relatarnos como son esos encuentros: el primero... y los posteriores?
8. ¿Cómo se relaciona con los niños internados? ¿Con qué frecuencia? ¿Y con las familias cuales son los temas que trata y con qué frecuencia?

9. ¿Cómo llama los niños internados en la Sala y que acciones realiza para hacer grata su estancia?

10. ¿Conoce Ud. los derechos de la niñez hospitalizada?¿Piensa que tiene algún tipo de obligación profesional o ético con ellos?¿Por qué?

11. ¿Cómo conoció estos derechos? ¿Se aplican en este servicio? ¿Se informa de ellos en esta institución?

12. ¿Puede narrarnos su opinión acerca de facilitadores u obstáculos en relación al cumplimiento o no de los derechos mencionados?

13. ¿Cuál es la causa por la que en algunos periodos diarios los familiares no pueden acompañar a sus hijos?

14. ¿Qué cantidad de horas por día y noche tiene esa limitación?

15. ¿Quién produce las normas internas de la Sala, puede narrarnos el procedimiento para cumplimentar las mismas?

16. ¿Qué cuidados, controles o planificaciones sanitarias realizan con los niños y familiares con el fin de acompañarlos durante la internación y cuáles fueron los resultados concretos de los mismos?

17. Le pedimos que nos comente sus opiniones acerca de la niñez hospitalizada, relaciones establecidas con el resto de los agentes sanitarios, las familias y los niños.

18. ¿Quiere Ud. agregar algo más?

GUÍA PARA ENTREVISTAS A LAS/OS NIÑAS/OS

Hola Pedro Puedo molestarte y charlar un rato juntos, me interesa conocerte,

1.- ¿te gustaría contarme donde vivís y cuantos años tenes?

2.- ¿A qué te gusta jugar?

3.- ¿Tenés ahora algún dolor o molestia, donde?

4.- ¿Sabes por qué estas en el hospital?

5.- ¿Cómo fue tu llegada aquí? ¿Con quién llegaste?

6.- ¿Quién te acompaña todos los días? ¿Está siempre contigo? ¿Por qué a veces no está?

7.- ¿Sabes que enfermedad tenes y como se va a curar? ¿Quien te conto?

8.- ¿Cómo se llama tu doctor? ¿Tenes uno solo?

9.- ¿Cuántas veces lo ves? ¿Cómo es con vos tu medico?

10.- ¿Y el resto de los asistentes como las enfermeras, como te tratan? ¿Por qué?

11.- ¿Qué cosas son las que te gustan y cuales las que no te gustan de estar aquí?

12.- ¿Qué cosas te gustaría cambiar?

13.- ¿Quienes son el resto de los chicos que están en la Sala, los conoces, charlas con ellos?

14.- Me gustaría que me cuentes todo lo que quieras

15.- ¿Queres que juguemos un rato?

i want morebooks!

Buy your books fast and straightforward online - at one of world's fastest growing online book stores! Environmentally sound due to Print-on-Demand technologies.

Buy your books online at

www.get-morebooks.com

¡Compre sus libros rápido y directo en internet, en una de las librerías en línea con mayor crecimiento en el mundo! Producción que protege el medio ambiente a través de las tecnologías de impresión bajo demanda.

Compre sus libros online en

www.morebooks.es

VDM Verlagsservicegesellschaft mbH
Heinrich-Böcking-Str. 6-8
D - 66121 Saarbrücken

Telefon: +49 681 3720 174
Telefax: +49 681 3720 1749

info@vdm-vsg.de
www.vdm-vsg.de

Lightning Source UK Ltd.
Milton Keynes UK
UKHW012152031221
395038UK00001B/27